Uta Franck

IN DEM LAND ZWISCHEN ZWEI MEEREN

Autobiografie

*Für meine Söhne Olfert und Sönke,
meine Schwiegertochter Constanze
und meine Enkelkinder Celestine und Aaron*

Bibliografische Information
der Deutschen Nationalbibliothek:

Die Deutsche Nationalbibliothek
verzeichnet diese Publikation in der
Deutschen Nationalbibliografie.
Detaillierte bibliografische Daten
sind im Internet über
http://www.d-nb.de abrufbar.

Alle Rechte der Verbreitung, auch
durch Film, Funk und Fernsehen, fotomechanische Wiedergabe, Tonträger, elektronische
Datenträger und auszugsweisen
Nachdruck, sind vorbehalten.

© 2010 novum publishing gmbh

ISBN 978-3-99003-046-2
Lektorat: Christine Schranz
© Autorenfoto: Peter Hillebrecht
Innenabbildungen: Uta Franck
Titelfoto: Uta Franck und Reinhard Finck

Die von der Autorin zur Verfügung
gestellten Abbildungen wurden in
der bestmöglichen Qualität gedruckt.

Gedruckt in der Europäischen Union
auf umweltfreundlichem, chlor- und
säurefrei gebleichtem Papier.

www.novumpro.com

AUSTRIA · GERMANY · SWITZERLAND · HUNGARY

VORWORT

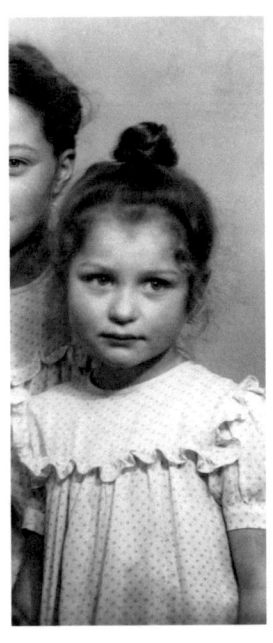

Ich habe mich bei meinen Aufzeichnungen von meinen Erinnerungen leiten lassen und bin thematisch und chronologisch vorgegangen. Als Erste tauchte meine Großmutter aus Bad Segeberg aus dem Meer des Vergessens auf, dann meine Tante Käthe. Danach folgte die besondere Lebensgeschichte meiner Eltern. Ich wusste nicht, dass ich so viele Einzelheiten gespeichert hatte. Die Erinnerungen, einmal wachgerufen, bestürmten mich.

Der autobiografische Teil der Chronik ist zu meinem Erstaunen eine Auseinandersetzung mit meinem Vater, meinem Stiefvater und vor allen Dingen mit meiner Mutter geworden. Ich musste mich der Erkenntnis stellen, dass sie überzeugte Nationalsozialisten waren. Trotzdem waren sie liebenswerte Menschen. Es ist mir nicht leicht gefallen, diese mir schon lange bewusste Tatsache aufzuschreiben. Das unausgesprochene Verbot der Meinungsfreiheit durch meine Mutter habe ich erst als Studentin bewusst gespürt.

Mein Vater war im Krieg gefallen, ihn konnte ich nicht befragen, mein Stiefvater war gewandelt und die Mutter unbelehrbar.

Außer dem Thema Aufarbeitung bzw. Nichtaufarbeitung der Nazizeit in meiner Familie war es mir wichtig, von der Einfachheit und Strenge des Lebens in den Nachkriegsjahren im Gegensatz zu der augenblicklichen Überflussgesellschaft zu erzählen. Trotzdem war ich fröhlich und unbekümmert als Kind und Jugendliche, denn „es ist ein großes Glück, nicht genau zu wissen, in welcher Welt man lebt." Wisława Szymborska.

Nun wünsche ich mir, dass nach dem „Bäckerhaus in Bad Segeberg" und dem „In dem Land zwischen zwei Meeren" einer meiner Söhne „Das Reihenhaus in Kelkheim" schreibt.

> Es ist ein großes Glück,
> nicht genau zu wissen,
> in welcher Welt man lebt.
>
> Wisława Szymborska

1

Meine Großmutter Emma bot mit ihren fünf Mädchen stets ein reizendes Bild. Die Töchter Else, Dora, Ingeburg, Grete und Käthe waren zwischen 1894 und 1900 auf die Welt gekommen. Nach einer Pause von zehn Jahren gebar sie am 22.06.1910 endlich ihren ersten Sohn, meinen Vater Werner Franck. Sie war zu diesem Zeitpunkt einundvierzig Jahre alt.

Großmutter Emma mit Sohn Werner, meinem Vater

Danach hat meine Großmutter noch einem Jungen das Leben geschenkt. Dieses Kind starb bereits im Babyalter, ein Verlust, der sie besonders schmerzte, weil ihr ein Kind genommen wurde, das noch auf ihre Pflege angewiesen war. Sie hat es der Mutter einmal erklärt. Das sei schlimmer gewesen als der Tod ihrer zwanzigjährigen Tochter Else, die zuckerkrank war. Else habe sie nicht mehr versorgen müssen, aber der Säugling sei völlig von ihr abhängig gewesen. Da habe sie das Gefühl gehabt, versagt zu haben.

Mein Vater gedieh zur Freude seiner Eltern prächtig. Noch bevor er zur Schule ging, saß er über einen Atlas gebeugt und ging mit dem Finger auf große Reise. Er lernte Klavier und brachte sich später allein das Spielen auf der Querflöte bei. Singen konnte er allerdings nicht. Diese Schwäche hatte er von meiner Großmutter geerbt. Wenn meine Mutter zu einem Volkslied die zweite Stimme improvisierte, hörte er auf zu singen, weil er die Stimme nicht halten konnte wegen einer Schwäche der Stimmbänder. Aber dafür hatte er das absolute Gehör. Meine Schwester und ich sind diesbezüglich leider leer ausgegangen.

Als ich geboren wurde, war meine Großmutter bereits fünfundsiebzig Jahre alt. Ich besitze ein Fotoalbum mit einem Bild von ihrem fünfundachtzigsten Geburtstag. Sie sitzt auf dem Sofa in der Veranda, wo wir im Sommer zu frühstücken pflegten, einen üppigen Strauß von Gartenmargeriten im Arm. Sie schaut lächelnd in die Ferne. Die hohe Stirn. Das locker nach hinten gekämmte weiße Haar. Keine strengen Falten und Furchen im Gesicht. Sanft sah Großmutter aus.

Daneben ein Foto von meiner Schwester und mir. Hilke lässt mit ihren fast fünfzehn Jahren schon die junge Dame ahnen, während ich mit meinem rund um den Kopf geflochtenen Rosenkranz noch ein richtiges Kind bin, das erwartungsvoll zur Schwester schaut. Zu unseren Seiten stehen unsere großen Vettern aus Hamburg, davor fünf kleine Mädchen, die Kinder meiner Cousinen und Cousins. Sie mussten Tante zu mir sagen – was sie natürlich nicht taten, schließlich waren sie nur ein paar Jahre jünger als ich.

Großmutter war eine wunderbare Frau. In dem Jahr, in dem ich meinen elften Geburtstag feierte, starb sie. Meine Erinnerungen an sie sind verschwommen. Deutlich aber ist das Gefühl der Geborgenheit und Sicherheit, das ich in ihrer Nähe empfand. Vor meinem Großvater August hatte ich Angst. Er war streng und ich versuchte, möglichst nicht in seine Nähe zu kommen.

In einem Schutzanzug, eine Pfeife rauchend, versorgte er seine Bienen und spazierte an einem Stock mit ernstem Gesicht durch den Garten. Die Mutter erzählte, dass er nur mit dem Löffel an die Tasse zu klopfen brauchte, schon sprangen alle fünf Töchter in die Höhe und holten das Salz, wenn es auf dem Tisch fehlte.

Mein Großvater gab seiner Frau nie Geld zum Einkaufen. Sie musste anschreiben lassen. Ich bezweifle, dass sie nicht mit Geld umgehen konnte, wie er behauptete. Jeden Nagel, den er fand, klopfte er gerade und benutzte ihn ein zweites und drittes Mal. Ebenso sparsam war Großmutter, die aus Resten schmackhafte Mahlzeiten zubereiten konnte. Aus ihrer Rezeptsammlung, sie war eine Bäckertochter, stammt noch die Anleitung für den dicken braunen Plattenkuchen, den ich jedes Jahr in der Adventszeit backe.

Mein Großvater war kein Mann von Umwegen. Da seine älteste Tochter auf der höheren Schule nicht erfolgreich war, ließ er seine anderen gar nicht erst probieren. Großvaters jüngste Tochter Käthe war noch im Alter von achtundachtzig Jahren wütend über seine Entscheidung. Ihr Bruder Werner durfte studieren und sie musste eine Schneiderlehre machen. Wie gern wäre sie Gärtnerin geworden! Auch das durfte sie nicht. Giftig sagte sie zu mir:

„Weil dein Vater studiert hat, durftest auch du studieren, und deshalb hast du einen studierten Mann heiraten können."

Stellvertretend für meinen Großvater musste ich mir ihre Vorwürfe anhören. Genauso wie sie hätte ich es besser gefunden, wenn er jeder Tochter eine Chance gegeben hätte. Als Konrektor der Segeberger Knabenschule hätte ihm damals schon die Bedeutung von Bildung auch für Mädchen bewusst sein können.

Nach dem Tod ihrer Mutter hat Tante Käthe das Haus in der Schillerstraße übernommen. In dem großen Garten blühte es zu jeder Jahreszeit. Aus jedem Zweig, den sie in

Wasser stellte, fingen Wurzeln an zu sprießen. Sie war eine kreative Gärtnerin, aber streng wie Großvater. Auf ihrer Stirn zwischen den Augenbrauen breitete sich eine steile Falte aus. Sie sagte zu meiner Schwester Hilke, als diese noch klein war:

„Kratz die Butter nicht so tief in das Brot ein. Ich sehe ja sowieso, dass du zu viel davon nimmst."

Bei Tante Käthe achtete ich immer darauf, dass ich ihr während unserer Besuche nicht über den Weg lief. Denn kaum, dass sie mich erblickte, verpasste sie mir irgendeine Arbeit.

Sie lebte ohne Ehemann im Haus ihrer Eltern. Irgendjemand hat mir verraten, dass sie auch einmal verheiratet war. Nur zwei Jahre lang soll diese Ehe, die kinderlos blieb, gedauert haben. Später soll ihr Mann Selbstmord begangen haben. Sie hat über ihre Ehe nie gesprochen und ihren Mädchennamen wieder angenommen.

In späteren Jahren wollte ich etwas darüber erfahren, aber sie ist mir ausgewichen.

Damals, als ich ein Kind war, habe ich sie als eine lebenslustige Person kennengelernt. Obwohl eine Sauna ein paar Jahre nach Kriegsende in Deutschland kaum bekannt war, ging sie einmal in der Woche dorthin. Bad Segeberg war schließlich ein Kurort.

Wenn sie sich am Samstagnachmittag mit einem Kostüm schmückte und einen Hut mit einer Fasanenfeder aufsetzte – wir Kinder kicherten hinter einem Strauch – dann war es so weit, dann holte sie Herrn Fürst vom Bahnhof ab, der das Wochenende bei ihr blieb. Als ich eines Sonntagmorgens die Treppe heruntersclich, über den Flur lief und die Tür zu Tante Käthes Zimmer öffnete, da lag sie doch mit diesem Fürst, den ich nicht leiden konnte, in einem Bett. Unwirsch winkte sie mich aus dem Zimmer. Beim Frühstück, an dem die Tante und der Fürst nicht teilnahmen, sie speisten wohl im Bett, verkündete ich, was ich gesehen hatte. Peinliches Schweigen breitete sich am Tisch aus.

Als ich meine Neuigkeit oben bei Else und Kurt, meiner Cousine und ihrem Mann, erzählte, fingen sie zuerst an zu grinsen, dann lachten sie laut.

„Ja, ja, so ist das mit deiner Tante Käthe", sagte Kurt.

Sie soll kein Glück mit Männern gehabt haben. In Flensburg, wo sie einen Kunstgewerbeladen betrieb, hat sie ein Liebhaber ruiniert. Ihren Liebsten, meist schwächliche Männer, gab sie alles.

Einmal verguckte sie sich in Bad Segeberg in einen verheirateten Mann, sodass ihr Vater sie bat, die Stadt zu verlassen, weil ihm ihr Verhalten unannehmbar war. Damals zog sie, glaube ich, nach Flensburg und machte dort den Kunstgewerbeladen auf.

Ich weiß nicht genau, wann sie von Flensburg nach Segeberg zurückgekehrt ist. Auf jeden Fall spielt ihre Person eine Rolle, wenn ich an unsere Ferienaufenthalte in der Schillerstraße denke.

Als Erwachsene habe ich große Achtung vor der Lebensleistung meiner Tante bekommen. Ich erfuhr, dass sie im Keller des Hauses meiner Großeltern junge Mädchen in Weißnähen unterrichtet hat. Sie war Schneidermeisterin. Außerdem hielt sie den Garten in Ordnung. Später gab sie im Umkreis von Bad Segeberg Handarbeitsunterricht in Schulen. Dorthin fuhr sie mit dem Fahrrad. Als eine der Ersten in der BRD kaufte sie sich ein Goggomobil, mit dem sie unsere Familie in Meldorf überraschte.

„O Gott, schon wieder Tante Käthe!", seufzte die Mutter.

Sie brachte nämlich bei uns zu Hause alles durcheinander. Kaum waren wir mit dem Mittagessen fertig, so dachte sie nicht ans Abwaschen und Aufräumen, sondern steckte sich eine Zigarette an und sagte:

„Na, Otto, was machen wir nun?", was die Mutter ganz fürchterlich ärgerte.

„Es braucht bloß einer Hosen anzuhaben, schon fängt sie an zu flirten", zischte sie.

Ganz schlimm wurde es, als Tante Käthe mit einem Hund ankam und das Tier aus einer Schüssel trinken ließ, die wir täglich selbst benutzten. Meine immer auf Sauberkeit bedachte Mutter war entrüstet.

Doch zurück zu meiner Hochachtung vor meiner Tante. Sie war eine richtige Lebenskünstlerin. Mit so etwas Ordinärem wie Haushalt gab sie sich nicht ab. Von ihrer Mutter hatte sie das Hausmädchen Martha übernommen, das als junges Mädchen bei meiner Großmutter gelernt hatte. Martha ist mir genauso vertraut wie Großmutter. Ich höre noch ihre etwas rauchige Stimme. Die treue Martha blieb immer bei der Familie Franck. Zum Schluss putzte sie zweimal die Woche bei Tante Käthe. Weil diese auch das Abwaschen des Geschirrs Martha überließ, sah es immer etwas schmuddelig bei ihr aus, was besonders meine Mutter die Nase rümpfen ließ. Ich aber bemerkte die Zufriedenheit meiner Tante und fand ihr Lebenskonzept gut.

Meine Schwester Hilke ist anderer Meinung. Sie bezweifelt, dass Tante Käthe je mit ihrem Los zufrieden war.

Einmal sagte Tante Käthe zu mir:

„Deine Mutter hätte sich auch mehr um den Garten kümmern sollen. Immer nur sauber machen ..."

Weit über das Pensionsalter hinaus unterrichtete Käthe an verschiedenen Schulen. Als sie sich dafür endgültig zu alt fühlte und von ihrer Rente allein nicht leben konnte, ich glaube, das war 1975, verkaufte sie ihr Elternhaus. Gleichzeitig richtete sie sich aber eine Wohnung im ersten Stock ein, in der sie kostenlos wohnen konnte, solange sie lebte. Sie ließ eine Wendeltreppe von außen bauen, sodass sie einen eigenen Eingang hatte. Meine rüstige Tante benutzte diese Wendeltreppe noch mit 93 Jahren!

Drei Wände ihres neuen Wohnzimmers bestanden aus Glas. Unter die Fenster stellte sie Kästen mit Erde, die sie mit Blumen bepflanzte. Das Wohnzimmer lag in der Höhe der Baumwipfel. Schaute ich hinaus, glaubte ich, in einem Baumhaus zu stehen und leise im Wind zu schwanken.

Als Tante Käthe gerade dabei war, von ihrem Haus in ihre neue Wohnung zu ziehen, kam ich zufällig für ein paar Stunden vorbei. Sie schenkte mir Bücher, die sie nicht mehr unterbringen konnte, und kleine kolorierte Zeichnungen von meinen Vorfahren. Sie hängen seit dieser Zeit in unserem Wohnzimmer neben dem Segeberger Klavier. Außerdem gab sie mir ein paar gerahmte Kalenderbilder von Emil Nolde.

Diese Nolde-Bilder schmückten jahrelang unser Treppenhaus.

Eines Tages im Jahr 1999 brauchte mein Lebensgefährte Rahmen und öffnete eines dieser Bilder. Hinter dem Kalenderblatt, vor der Sonne geschützt, entdeckte er ein Aquarell des Eutiner Schlosses, umgeben vom Wasser des Schlossgrabens. Gemalt hat es der Hamburger Künstler Wilhelm Heuer. Tante Käthe hat das kostbare Bild wahrscheinlich so aus ihrem Kunstgewerbeladen in Flensburg geschmuggelt, als dieser Bankrott ging.

Im Städel in Frankfurt bestätigte Herr Kolot uns, dass es ein Original sei. Er durfte leider keine Angabe zu seinem Wert machen. Den Grund dafür gab er nicht an. Er sagte nur, die Farben seien erstaunlich gut erhalten.

Wir fuhren nach Eutin und trafen uns dort mit Dr. Hahn vom ostholsteinischen Museum. Für 1000 DM wollte er uns das Bild abkaufen, womit wir allerdings nicht zufrieden waren.

Heute freue ich mich, dass wir das Bild nicht verkauft haben. Vielleicht schenke ich es meinem Sohn Sönke, der einmal in Eutin gezeltet hat.

Tante Käthe ging zum Arzt. Er fragte:
„Rauchen Sie?"
Als sie das bejahte, sagte er:
„Dann rauchen Sie nur weiter. Sie haben nun schon so lange gesündigt."

Mit achtzig waren ihre Schmerzen in den Knien so stark, dass sie ihre geliebte Gartenarbeit aufgeben musste. Damals wohnte sie schon in ihrem grünen Wohnzimmer. Da sie nun mehr Zeit hatte, besuchte sie einen Kursus für Aquarellmalen in der Volkshochschule. Tante Käthe entwickelte ein neues Talent. An allen Wänden ihrer Wohnung hingen jetzt selbst angefertigte Bilder. Jedes Mal, wenn ich sie besuchte, schenkte sie mir ein neues Aquarell. Entweder sie malte oder sie las ein Buch.

Außerdem hatte sie einen großen Bekanntenkreis. Als sie mit 93 Jahren starb, kamen mindestens 60 Personen zu ihrer Trauerfeier, um sich von ihr zu verabschieden.

Ihren 80. Geburtstag feierte Tante Käthe im Haus ihrer Freundin Lenchen Wulf, die genauso alt und vital war wie sie. Das Haus der Verlegerfrau – die Segeberger Zeitung und eine Buchhandlung gehörten der Familie Wulf – stand in einem Garten, der noch prachtvoller als der meiner Tante war. Das mit Efeu bewachsene Haus sah aus wie ein Hexenhaus.

Zu diesem Geburtstag waren wir eingeladen. Da wir gerade von einem Finnlandurlaub zurückkamen, fielen wir mit zwei ziemlich ungewaschenen Söhnen (14 und 12 Jahre) bei der Familie Wulf ein. Ich weiß nicht mehr, wo sie uns für eine Nacht unterbrachten, ich erinnere mich nur, dass wir herzlich empfangen wurden.

Meine Locken hatte ich drei Wochen lang nicht gewaschen, da wir in einer Hütte ohne Wasser gewohnt hatten, und ich fühlte mich richtig schmutzig, auf jeden Fall für einen Jubiläumsgeburtstag nicht gepflegt genug. Wir hatten mit Seewasser gekocht. Ich fragte Frau Wulf, wie ich meine Haare trocknen könne. Einen Föhn hatte ich nicht dabei. Sie sagte:

„Steck doch deinen Lockenkopf in den Backofen!"

Das war der Vorschlag eines jungen Mädchens, nicht der einer achtzigjährigen Frau!

Als die Geburtstagsgäste eintrafen, waren meine Haare trocken, dem Backofen sei Dank.

Unternehmungslustig wie meine Tante und ihre Freundin waren, wollten sie vier Jahre später zusammen Hamburg besuchen. Auf dieser Reise prallte Tante Käthe mit ihrem Wagen ohne ersichtlichen Grund gegen ein parkendes Auto. Ihr wurde gesagt, dass sie noch einmal eine Führerscheinprüfung machen müsse, sonst dürfe sie nicht mehr Auto fahren. Da sie wusste, dass ihre Seh- und Hörfähigkeit nicht mehr gut genug war, gab sie das Selbstfahren auf. Schweren Herzens, denn ihre Ausflüge in die Natur, heraus aus der Stadt, hatten ihr viel bedeutet. An ihrem 85. Geburtstag erschien ein Vertreter der Stadt, ein außergewöhnlich attraktiver Mann, ich habe ihn gesehen, ich war unter den Geburtstagsgästen. Er überreichte ihr eine Urkunde, in der stand, dass sie freiwillig auf ihren Führerschein verzichtet habe. Er übergab ihr das Dokument wie eine Auszeichnung. Und was tat meine Tante Käthe? Sie reckte sich in Positur und fing doch tatsächlich an, mit diesem schönen Mann, der ihr Sohn hätte sein können, zu schäkern.

Obwohl ich geschworen habe, nie ein Lob- und Preisgedicht nach Art der Barockdichter zu schreiben, habe ich bei ihrem 90. Geburtstag eine Ausnahme gemacht. Wir feierten in einem Gasthof am Wardersee.

Liebe Tante Käthe!
Ein Mensch wird heute neunzig Jahr'.
Ihr glaubt es nicht? Doch ist es wahr.
Ein Mensch, der so viel' Jahre zählt,
der ist vom lieben Gott erwählt.
Zwar dacht' er einst: „Es ist nicht recht.
Mir geht es in der Tat sehr schlecht.
Der liebe Gott hat mich vergessen."
Doch oft wird mit dem Maß gemessen,
das menschlich ist und selten weise.
Das Leben, eine lange Reise!
Der Mensch, er nähte, liebte, pflanzte,
die Blumen blühten, Käthe tanzte
im Zauberreiche ihres Garten,
die neuen Blüten zu erwarten,

die alle ihre Kinder sind.
Ein Glück, das selten einer find't,
fand dieser Mensch mit achtzig Jahren,
das Leben malend zu erfahren,
die Welt zu sehn mit seinen Augen.
Der Garten und die Bilder taugen,
den Tagen einen Sinn zu geben,
den Lebensteppich bunt zu weben.

Der Wein im Glas ist hell und blank.
Wir ehren heute Käthe Franck!

In ihrem letzten Lebensjahr, sie wohnte noch immer allein in ihrem „Baumhaus", war sie manchmal etwas verwirrt. Sie wachte mitten in der Nacht auf und suchte ihre Mutter, die sie versorgen wollte. Als sie sie nicht in der Wohnung fand, rief sie die Polizei an und bat um Hilfe. Zwei junge Polizisten, die gerade in ihrem Streifenwagen Dienst machten, kamen und fragten, was los sei. Sie durchschauten sofort die Situation, setzten sich deshalb zu ihr und ließen die alte Frau von ihrer Mutter erzählen. Irgendwann einmal fragte einer der Polizisten:
„Wie alt sind Sie?"
„93 Jahre."
Auf ihr Alter war sie stolz und in diesem Augenblick fiel ihr ein, dass ihre Mutter unmöglich noch am Leben sein konnte.
Ein paar Tage später – es war wieder mitten in der Nacht – stand sie im Nachthemd und mit einem Rucksack auf dem Rücken vor dem Haus ihrer Freundin und klingelte. Als geöffnet wurde, sagte sie:
„Lenchen, wir müssen los."

Es war ein paar Wochen später, da hatte sie vergessen, dass sie am Tag davor beim Arzt gewesen war. Also ging sie ein zweites Mal dorthin. Vor der Tür des Arzthauses hatte sich Glatteis gebildet, Tante Käthe rutschte aus und verletzte

sich am Knie. Sie erlitt Prellungen und einen Bluterguss. An und für sich eine harmlose Verletzung, aber sie musste ins Krankenhaus, weil niemand da war, der sie zu Hause hätte pflegen können. Im Krankenhaus legte sie einen Zettel auf den Nachttisch:
„Ich will an keine Schläuche angeschlossen werden."
Das hat man auch nicht getan, aber im Krankenhaus durfte sie nicht rauchen, was ihr gar nicht bekam. Sie wurde immer verwirrter. Nach drei Wochen wurde sie in ein Pflegeheim gebracht. Dort starb sie kurz darauf.
Ihrem Wunsch gemäß wurde sie eingeäschert und in einem Grab für Namenlose beerdigt.

Lila der Tag
Seitdem sie
Namenlos
Bei ihren Pflanzen
I S T
Der Wind war kühl
Sehr hell die Sonne
Und Eicheln fielen
Vom Baum

2

Im Sommer fuhr die Mutter oft mit uns nach Bad Segeberg. Spät abends fing sie an zu packen. Dafür musste sie aus der Wohnstube hinaus auf den Hausflur gehen, der auch von der Nachbarsfamilie benutzt wurde. Hier stand ein großer Wäscheschrank, für den in unserem kleinen Schlafzimmer kein Platz war. Immer und immer wieder ging die Mutter hinaus. Hilke und ich konnten vor Reisefieber nicht einschlafen.

Meldorf liegt an der Nordsee. Mit dem Zug fuhren wir nach Bad Segeberg, über Heide und Neumünster, wo wir jeweils umsteigen mussten. Die idyllische Kleinstadt liegt am Großen Segeberger See. Als ich klein war, konnte ich den Unterschied zwischen einem Meer und einem See nicht begreifen. Deshalb glaubte ich, alle Städte der Welt befinden sich an einem Meer, denn auch Hamburg lag am Wasser. Außerdem besaß es den imposanten Elbtunnel, durch den wir manchmal hindurchspazierten, wenn wir zu Besuch bei meinem Großvater mütterlicherseits in Hamburg-Altona waren.

In der Schillerstraße 11 in Bad Segeberg verbrachten wir schöne Tage. Meiner Erinnerung nach schien immer die Sonne. Immer waren andere Kinder in der Nähe, mit denen ich spielen konnte. Immer wanderten wir bei heißem Wetter auf den Schienen zum Ihlsee, was nicht erlaubt war, aber was jeder tat. Am Ihlsee gab es eine Badeanstalt mit Sandstrand. Zuerst bauten wir eine Sandburg, dann zogen wir unsere Badeanzüge an und schließlich mussten wir warten, bis eine Stunde verstrichen war, ehe wir ins Wasser durften. Meinem Urgroßvater war einmal ein Geselle im Großen Segeberger See ertrunken, weil er noch von der Arbeit erhitzt ins tiefe Wasser gesprungen war. Er hatte einen Herzschlag bekommen. Das wurde uns stets vor Augen gehalten. Wir mussten uns nach der Wanderung unbedingt erst abkühlen.

Ich konnte damals noch nicht schwimmen und durfte nur bis zu einer durch eine Schnur gekennzeichnete Abgrenzung im Wasser gehen. Hinter der Absperrung war ein Sprungturm. Manchmal tauchte ich heimlich unter der Schnur durch. Dahinter konnte ich auch noch stehen!

Einmal ist am Ihlsee ein Kind ertrunken, als wir gerade beim Baden waren. Es wurde herausgezogen und irgendwelche Leute machten Wiederbelebungsversuche. Das war schrecklich und unheimlich. Ob es wirklich tot war, hat mir meine Cousine Else nicht gesagt. Wir sind sofort nach dem Unglück nach Hause gegangen.

Eines Tages gab mir Großmutter einen Brief in die Hand, den ich in den Briefkasten stecken sollte. Auf der Straße vor dem Haus fing mich ein Mann ab, der sagte zu mir:

„Bleib einen Augenblick stehen."

Er holte seinen Fotoapparat heraus und knipste mich. Kurze Zeit später kam er zu Großmutter und wollte das Bild verkaufen. Sie ließ mich rufen und ich musste ihr erzählen, wie das geschehen konnte. Ich berichtete alles wahrheitsgetreu und hatte ein furchtbar schlechtes Gewissen, denn nun musste Großmutter Geld ausgeben und ich war schuld daran. Zu guter Letzt lächelte sie so, wie nur sie lächeln konnte, zog ihre Geldbörse hervor, bezahlte und schenkte mir das Foto.

„Das nächste Mal musst du aber aufpassen, wenn dich einer fotografieren will."

Ich vermute, dass ich auf dem Bild sieben Jahre alt bin. Ich kneife die Augen zu. Mir scheint der Mann nicht geheuer gewesen zu sein, denn ich lächle nicht, sondern presse die Lippen aufeinander. Die Haare sind zum Rosenkranz geflochten. Ich trage eine Jacke über einem Sommerkleid, darüber eine Schürze, die fast bis zu den Schultern reicht und Jacke und Kleid verdeckt. Auf der Schürze ist eine kleine Tasche in Herzform. In der linken Hand halte ich den Brief.

Wenn wir in Bad Segeberg waren, hörten wir Großmutter oft Klavier spielen. Hilke kann sich erinnern, dass sie mit ihr vierhändig gespielt hat. Bis zu ihrem Lebensende konnte Großmutter Beethovensonaten vortragen, aber nicht nur die beiden ersten Sätze der Mondscheinsonate, sondern auch den schnellen, technisch schwierigen vierten Satz. Wenn sie vorspielte, versammelten sich Nachbarn und Freunde des Hauses, um dem Konzert zu lauschen. An einen dieser Vortragsabende kann ich mich erinnern. Das kleine Wohnzimmer war voll von Menschen. Ich habe auf einem Hocker gesessen.

Wieder einmal wollte die Mutter mit uns nach Bad Segeberg reisen. Neben unserer Wohnung in Meldorf in der Grabenstraße 24 arbeitete ein Friseur. Ich war noch nicht ganz zwei Jahre alt und schaute in diesem Laden dem Meister beim Haareschneiden zu. Zu Hause machte ich es dem Mann nach, setzte ich mich mit einer Schere hinter einen Sessel und schnitt mir vorn die Stirnfransen ab. Die Mutter fiel aus allen Wolken. Wie sollte sie mich nun frisieren! Wie mich für die Reise herausputzen? Kurz entschlossen bändigte sie den Rest der Haare, die oben auf dem Kopf noch vorhanden waren, mit einer Spange und ließ an der Seite Zöpfchen stehen. Mehrere Fotos bezeugen diesen Sommerurlaub 1944.

Zwei Dinge, die ich noch heute besitze, hat mir Großmutter geschenkt: ein Märchenbuch von Hermann Löns und einen bemalten Holzkasten mit Motiven aus „Schneewittchen und die sieben Zwerge".

Ich blättere in dem Buch. Auf der zweiten Seite von „Lüttjemann und Püttjerinchen" steht in Sütterlinschrift: Uta Franck, in Liebe zugeeignet von ihrer Großmutter 1950, den 15.11. Sie hat mir also dieses Buch, in dem ihre Handschrift für mich erhalten ist, zum 8. Geburtstag geschenkt. Sie hat mir kein neues Buch gegeben. Ein anderes Kind hat auf die letzten leeren Seiten mit Rot und Blau seine Bilder gekrakelt. Den Strichen nach zu urteilen muss es noch sehr jung gewesen sein.

Die Illustrationen von Fritz Hans Eggers sind Original-Künstler-Steinzeichnungen. Bis auf den heutigen Tag entzücken mich seine Bilder. Ob Großmutter damals den Keim dafür gelegt hat, dass ich eines Tages unbedingt Märchen schreiben wollte und es auch getan habe? Meine Großmutter hat mir achtjährigem Kind ein bibliophiles Buch vermacht!

Nicht weniger schön ist der Holzkasten.

Ich nehme einfach einmal an, dass Großmutter mich besonders gern gehabt hat. Aber ich bin sicher, dass Hilke von sich genau dasselbe behaupten würde, wenn ich sie danach fragen würde. Wir beide sind die einzigen Kinder des einzigen Sohnes unserer Großmutter, der am 01. November 1942 am Ilmensee in Russland gefallen ist. Fünfzehn Tage später wurde ich geboren.

Meinen Vater kenne ich nur vom Hörensagen. Die Mutter hat ihn regelrecht auf ein Podest gesetzt, mit Lorbeer umkränzt und nur Gutes von ihm berichtet. Er ist für mich durch ihr Erzählen kein Mensch aus Fleisch und Blut geworden. Ich mochte den Glorienschein nicht, den sie um ihn gebreitet hat. Mein Vater blieb für mich abstrakt.

Er soll sehr ordentlich gewesen sein. Seine Schuhe hat er immer blitzblank geputzt. Auf der Uniform kein Stäubchen. Siebzehnjährig hat er ein glänzendes Abitur gemacht, sodass ihm ein unbekannter Gönner aus Bad Segeberg zwei Semester Studium in Graz schenkte, d. h. bezahlte. Er wählte die Fächer Mathematik, Physik und Philosophie.

Danach hat er in Göttingen bei Professor Pohl studiert. Sein Studentenzimmer befand sich in einem Kirchturm. Sein Examen hat er im Februar 1934 in Göttingen im Alter von 23 Jahren mit Auszeichnung bestanden. Ich besitze eine Fotokopie seines Zeugnisses. Die Mutter hat nur davon erzählt, nie hat sie uns das Dokument gezeigt. Nach der Prüfung in Göttingen ging mein Vater für zwei Jahre zur Wehrmacht, um seinen Vater finanziell zu entlasten. Seine Referendarzeit absolvierte er danach in Itzehoe.

Im Krieg vermaß er als Mathematiker die neu eroberten Gebiete in Russland.

Ich denke oft darüber nach, ob ich meinen Vater gern gehabt hätte.

Tante Käthe habe ich nach meinem Vater gefragt. Sie, die tagelang mit ihrem Bruder auf der Schwentine gepaddelt ist, als er noch studierte, konnte ihn nicht charakterisieren. Sie war nicht in der Lage, sich in eine Tochter einzufühlen, die ihren Vater nie gesehen und gehört hat.

Von meiner Cousine Else habe ich mehr erfahren. Als Hilke geboren wurde, war sie sechzehn und half meiner Mutter eine Zeit lang im Haushalt. Sie schmunzelte.

„Dein Vater wollte in Meldorf morgens nie aufstehen. Bis zum letzten Augenblick blieb er im Bett liegen und rannte dann im Dauerlauf zur Schule.

Wir waren alle verliebt in ihn. Als deine Mutter bei uns in Itzehoe auftauchte, war ich eifersüchtig. Wenn die beiden spazieren gingen, habe ich mich immer zwischen sie gedrängt.

Als Referendar in Itzehoe besuchte er oft seine Schwester, setzte sich abends zu uns Halbwüchsigen ans Bett und fragte, ob wir schon einen Freund hätten. Und eine Woche später fragte er, ob es immer noch derselbe Freund sei."

Sie lachte.

„Wir haben uns immer gefreut, wenn er kam. Wir wollten ihn ganz für uns allein haben."

Als Studienassessor musste er Mitglied der NSDAP sein. Er ging aber nicht gern zu den Parteiveranstaltungen, weil er abends am liebsten an seiner Erfindung bastelte, einem physikalischen Gerät zur Messung der elektrischen Feldstärke. In meinen Familienunterlagen lese ich: Reichspatentamt, Patentschrift, Nr. 708013, Klasse 21e, Gruppe 3610, Werner Franck in Meldorf, Holst., ist als Erfinder genannt worden. Instrument zur Messung der elektrischen

Feldstärke. Patentiert im Deutschen Reich vom 27. Februar 1940, an Patenterteilung bekannt gemacht am 05. Juni 1941.

Er hat also seine Erfindung noch zum Patent anmelden können. Nach dem Krieg hatte er vor, in Göttingen seinen Doktor zu machen, und die Mutter wollte während dieser Zeit die Familie als Lehrerin ernähren. Der Krieg machte diese Pläne zunichte.

Im Jahr 2004 habe ich bei einem Ehemaligentreffen der Meldorfer Gelehrtenschule einen Schüler meines Vaters, Wilhelm Hinrichs, getroffen. Nachdem ich während des gemütlichen Zusammenseins aus meinem neuen Roman gelesen hatte, meldete sich der Dipl.-Handelslehrer i. R. zu Wort und erinnerte an meinen Vater, der von 1937 bis 1939 sein Lehrer gewesen war. Er rühmte seinen unkonventionellen Unterrichtsstil, viele Experimente in Physik, schwärmte von einer Klassenfahrt an den Rhein – die Schüler haben im Fluss gebadet –, erzählte, dass er, Werner Franck, ihm sogar aus dem Feld Briefe geschrieben habe, die er mir schenken wollte. Das hat er leider nicht mehr getan, da er am 13.08.2005 gestorben ist.

Zum ersten Mal erinnerte ein Mensch in meiner Heimatstadt Meldorf in aller Öffentlichkeit an meinen Vater und lobte ihn emphatisch, zum ersten Mal war ich öffentlich stolz auf ihn und glaubte ohne Einschränkung, was Wilhelm Hinrichs sagte. Seine Begeisterung für meinen Vater war echt. Selten ist ein Mann von 81 Jahren, der von seinem Lehrer schwärmt!

Zwei Fotos von Vater stehen in meinem Arbeitszimmer. Der Eineinhalbjährige guckt unternehmungslustig in die Kamera. Er steht da wie eine Puppe, mit weißem Spitzenkragen und weißen Manschetten über den molligen Kinderärmchen.

Ich vermute, dass er auf dem zweiten Bild 32 Jahre alt ist. So jung war er, als er gefallen ist! Er trägt ein weißes Hemd, Anzug und Krawatte. Das Haar ist kurz geschnitten, besonders an den Seiten über den Ohren. Der Scheitel befindet sich auf der linken Seite. Seine blauen Augen sind umrahmt von vielen Lachfältchen. Er lächelt fast unmerklich, was ich auch an seinem streng geschnittenen Mund erkenne. Die Mutter sagte, ich habe die Augenpartie und das Lächeln meines Vaters geerbt. Sie freute sich darüber und hat es mir oft gesagt.

„Jetzt lachst du wieder wie Vater", sagte sie. Dann fühlte ich mich gut, dass ich ein bisschen so wie er aussah. Seine Nase war breit wie bei einem Boxer. Als Kind war er aus einem Bollerwagen gefallen und hatte sich das Nasenbein gebrochen. Trotz des versteckten Lächelns in seinen Augen wirkt er ernst. Selbstbewusst und erwachsen.

Ich habe Briefe von ihm an seine Frau gelesen. Sie zeugen ebenfalls von Selbstbewusstsein. In seinem Auftreten soll er ruhig und zurückhaltend gewesen sein, weiß Hilke zu berichten.

Ich schaue das Foto meines Vaters wieder und wieder an. Doch – ich hätte ihn leiden mögen, hätte ich ihn denn gekannt.

3

Margarethe Warlich aus Gunsleben und der Turnlehrer Hermann Röhr heirateten am 04. März 1910. Sie zogen nach Altona, wo meine Mutter Ingeborg Röhr am 08. April 1911 das Licht der Welt erblickte.

Großvater Röhr ist in Osterburg aufgewachsen. Er war das achte von zehn Kindern. Alle zehn Kinder haben geheiratet und hatten wiederum Kinder. Sein ältester Bruder war in Osterburg Zimmermann. In unserer Familiengeschichte spielt diese Tatsache eine Rolle, weil die Mutter und ihre zwei Jahre jüngere Schwester Margarethe (Tante Dedi) oft in den Ferien dorthin reisten, wo sie mit dem Nachbarjungen Otto herumtollten.

Der Vater meiner Großmutter, Adolf Warlich, war ebenfalls Lehrer. Der Beruf des Pädagogen taucht in unserer Familie in ununterbrochener Folge in fünf Generationen auf!

Meine Großmutter erkrankte an einer Grippe, danach zeigten sich bei ihr Lähmungen, sodass sie im Rollstuhl sitzen musste. Als meine Mutter eingeschult wurde, konnte sie nicht dabei sein, weil sie bereits krank war. Die Familie Röhr brauchte immer ein Dienstmädchen, das den Haushalt führen musste.

Großvater Röhr war ein Jäger, trug einen Schnauzbart und konnte sich jederzeit ans Klavier setzen und ein Lied auswendig begleiten. Er wollte auch seiner Tochter das Klavierspielen beibringen. Doch die Unterrichtsstunden fanden so unregelmäßig statt, dass nichts Rechtes dabei herauskam. Das hat die Mutter mir gegenüber oft bedauert.

Am 01. Oktober 1937 wurde Hermann Röhr als Studienrat (Oberturnlehrer) an eine höhere Lehranstalt im Patronatsbereich der Stadt Altona berufen. Gleichzeitig wurde er Beamter. Auf seiner Ernennungsurkunde sind gleich die Kündigungstermine mit aufgeführt:

„Sollte Studienrat Röhr sein Amt aufgeben wollen, so kann das nur zum 01. April oder zum 01. Oktober erfolgen, nachdem die Entlassung spätestens am 31. Dezember oder 30. Juni bei mir nachgesucht worden ist. Altona, den 09. September 1937. Der Oberbürgermeister."

So wurde er Gymnasiallehrer, der auch meinen späteren Deutschlehrer Lorenz Treplin unterrichtet hat.

Diesen Großvater, vor dem ich keine Angst hatte, er war mir nur sehr fremd, sehe ich in unserem Hof in Meldorf in eine Decke eingewickelt auf einem Stuhl sitzen. Er hatte eine herrlich glänzende Glatze. Ich weiß noch, dass ich vor ihm gestanden und überlegt habe, ob er Bohnerwachs oder Schuhcreme benutzte.

Er starb am 12.09.1950 in Hamburg-Altona. Da die Mutter meinen Bruder Welf erwartete und nicht reisen durfte, konnte sie bei seiner Beerdigung nicht dabei sein.

Die Mutter wollte wie ihr Vater Sportlehrerin werden. Sie ist 5,60 Meter weit gesprungen und war eine gute Sprinterin. Einmal ist sie in einer Staffel als Letzte für die Stadt Altona gelaufen, ist hingefallen, ist weitergelaufen und hat trotzdem gewonnen. Sie wurde sehr gelobt und als Vorbild gerühmt.

Nach dem 10. Schuljahr ging die Mutter auf ein Lehrerseminar und lernte in vier Jahren Handarbeit, Hauswirtschaft und Sport. Geliebt hat sie aber nur den Sport. Da sie auch in Ernährungslehre ausgebildet wurde, hat sie stets „gesund" gekocht, ohne dass wir gleich zu Rohkost-Essern werden mussten. Mit zwanzig Jahren war sie bereits technische Lehrerin, wie man das damals nannte.

Ihre Schwester Margarethe, von uns Tante Dedi genannt, wurde Säuglingsschwester.

1931 bekam eine Lehrerin nicht so ohne Weiteres eine Anstellung an einer Schule. Bis 1937 war sie unter anderem in Osterburg, in Altona, in Pommern und im Bezirk Segeberg Wanderlehrerin. Mein Großvater musste seine Beziehungen spielen lassen, bis seine Tochter eine Anstellung in

Schlamersdorf in Ostholstein erhielt. Die Arbeit als junge Lehrerin auf dem Land muss schön für die Mutter gewesen sein. Ihre Augen leuchteten immer, wenn sie von dieser Zeit berichtete.

Sie hatte sich der Jugendbewegung angeschlossen, protestierte gegen verstaubte Bürgerlichkeit – sie machte nie einen Mittagsschlaf, weil sie das für spießig hielt – und war Mitglied bei den Artamanen.

Als Artamanen bezeichneten sich die Mitglieder des 1923 in München gegründeten „Artam e. V.", einer Jugendorganisation, die zum rechtsnationalen Flügel der deutschen Jugendbewegung gehörte. Aus den althochdeutschen Wörtern „art" (Ackerbau) und „manen" (Männer) wurde der Name gebildet. Die Gruppe hatte ca. 2000 Mitglieder.

Sie vertrat eine „Blut- und Boden-Ideologie" und propagierte einen Arbeitsdienst in der Landwirtschaft. Zu ihren Zielen gehörte die Schaffung eines neuen arischen Bauerntums im Osten. Dazu sollten die slawischen Völker mit brutaler Gewalt bis zum Völkermord unterworfen werden.

Zu den Mitgliedern der Artamanen gehörten einige später prominente Nazis, wie z. B. der spätere Reichsbauernführer Richard Walther Darré, der Auschwitzkommandant Rudolf Höß und der SS-Chef Heinrich Himmler. Letzterer soll für die SS viel von den Artamanen gelernt haben.

Nach der Auflösung und dem Verbot aller übrigen Organisationen der bündischen Jugend und freien Jugendbewegung im Zuge der Gleichschaltung durch die Nationalsozialisten wurde der „Bund der Artamanen" als einzige Ausnahme im Oktober 1934 in die Hitlerjugend übernommen und bildete später den Kern des Landesdienstes der HJ.

Die Mutter hat mir nie erzählt, ob sie auch beim BDM mitgemacht hat. Nach dem Krieg wurde über derlei Dinge geschwiegen. Über ihre Mitgliedschaft bei den Artamanen habe ich nichts erfahren, solange ich in die Schule ging. Ich habe fast nichts gewusst, was meine Eltern und das Dritte Reich anging. Doch davon später. Dass mich meine Eltern in Unwissenheit gehalten haben, nehme ich ihnen übel.

Mit ihrem Freund Otto aus Osterburg, der in Kiel an der Pädagogischen Hochschule studierte, machte die Mutter Touren mit Fahrrad und Zelt.

Eines Tages, als sie gerade mit ihren Schülerinnen auf einer Wiese in Schlamersdorf Völkerball spielte, sprang ein junger, ihr unbekannter Mann über den Zaun und stellte sich als Werner Franck vor. Von einer Bekannten, die ebenfalls in der Schillerstraße wohnte und eine Freundin der Mutter war, hatte er von der Existenz einer Ingeborg Röhr gehört. Er solle sie doch einmal besuchen, hatte Anneliese Gloe zu ihm gesagt. Sie selbst konnte nicht mit dem Fahrrad kommen, weil sie lungenkrank war und sich schonen musste. Diese Begegnung war der Anfang einer großen Liebe.

Ingeborg und Werner Franck – meine Eltern

Werner sprang über den Zaun und schon war es um Ingeborg geschehen. Sie beendete die Freundschaft mit Otto und verlobte sich mit Werner.

Am 27. Dezember 1937 heirateten sie in Altona. Mein Vater hatte in Meldorf, einer Kleinstadt in Schleswig-Holstein, seine erste Anstellung als Studienassessor erhalten. In Meldorf gab es eine der drei Gelehrtenschulen des Landes.

In Altona wurde eine Doppelhochzeit gefeiert. Margarethe Röhr und Reinhold Hinrichs gaben sich ebenfalls das Jawort.

(Ich höre noch heute, wie Hilke zu mir sagt: „Das machen wir nie. Nie machen wir eine Doppelhochzeit. Dann werden immer die Bräute miteinander verglichen. Welche ist die schönere?")

Am 18. September 1938 kam Hilke zur Welt. Sie wurde in Hamburg geboren, weil meine Eltern gerade zu Besuch in der Von-der-Tann-Straße waren. (Ich habe daraus als Kind Tanzstraße gemacht und habe das erst als Vierzigjährige bemerkt.) Meine Großmutter in ihrem Rollstuhl freute sich jedes Mal, wenn ihr mein Vater etwas auf dem Klavier vorspielte.

In der Meldorfer Wohnung in der Grabenstraße 24 gab es kein Klavier. Die Haustür führte in einen großen Flur. Linker Hand wohnte Frau Richter, rechter Hand meine Eltern. Das Wohnzimmer war geräumig.

Unter den Fenstern, die nach Süden zeigten, standen zwei Sessel und ein kleiner Kacheltisch. Rechts daneben ein Bücherbord. An der einen Längswand stand ein Sofa, an der anderen ein Büfett mit dem Sonntagsgeschirr, dem Silberbesteck und den Gläsern.

Zwischen Sofa und Schrank in der Mitte des Raumes befand sich ein runder Eichentisch, den man zu einem Oval für sechs Personen ausziehen konnte. Heute steht dieser Tisch in unserem Wohnzimmer in Kelkheim.

Der große Kachelofen war von der Stube aus zu heizen. Daneben die Tür zur Küche, die winzig war. Herd, Küchenschrank, Tisch, Emaillewaschbecken und eine Tür, die nach draußen auf einen schmalen Gang führte. Durch die Tür gegenüber kam man in den Keller, in dem sowohl Frau Richter, die in der Nachbarwohnung lebte, als auch meine Eltern ihre Vorräte aufbewahrten.

Durch die vierte Küchentür – die Küche hatte die Funktion eines Flurs – gelangte man in das Schlafzimmer, in das mit Mühe und Not ein Ehe- und ein Kinderbett, eine Frisierkommode, ein Schrank – alles in dunkler Eiche – und ein gusseiserner Ofen passten.

Wenn man auf die Toilette wollte, musste man aus der Küche heraus und den schmalen Gang nach hinten gehen. Draußen standen die Ascheimer, drinnen drei Plumpsklos nebeneinander. Man konnte aber auch durch den großen Hausflur, der immer bedrohlich dunkel war, zu den Toiletten gelangen.

Oben auf dem Dachboden gab es eine kleine unbeheizbare Kammer, in der mein Vater an seiner Erfindung zu arbeiten pflegte.

Da meine Eltern nicht vorhatten, lange in Meldorf zu bleiben, genügte ihnen diese spartanische Wohnung vorerst.

Mein Vater muss unendlich stolz auf die neuen Möbel gewesen sein. Er öffnete jeden Schrank und jede Schublade, um seinen Besuchern alles zu zeigen. Der Mutter war das peinlich.

Sie klagte über Blinddarmschmerzen. Die Beschwerden wurden immer stärker, zuletzt musste sie im Meldorfer Krankenhaus notoperiert werden. Die Schmerzen rührten nicht vom Blinddarm her, sondern von einer Bauchhöhlenschwangerschaft.

Inzwischen war der Zweite Weltkrieg ausgebrochen. Da mein Vater nach dem Studium beim Militär gedient hatte und Offizier war, bildete er in der Nachbarstadt Heide Soldaten aus. Von Meldorf nach Heide gibt es eine Eisenbahnverbindung. Ob er jeden Abend nach Hause gekommen ist, weiß ich nicht.

Mein Vater wollte dem Vaterland aktiver dienen. Wäre er doch in Heide geblieben! Er aber wollte kämpfen. 1941 wurde er an der Ostfront verletzt, eine Granate, die in seinem Körper noch einmal explodierte, hatte ihn getroffen. Er lag in einem Lazarett in Berlin. Meine schwangere Mutter reiste ihm nach. Dort gebar sie ein Fünfmonatskind. Sören kam am 15.05.1941 auf die Welt und starb am 19.05.1941. Nur vier Tage hat mein Bruder gelebt. Der Arzt versuchte die Mutter damit zu trösten, dass die Frühgeburt sicherlich ein Sorgenkind geworden wäre, wenig widerstandsfähig und kränklich. Während der späteren Schwangerschaften ist die Mutter nie mehr gereist.

Eineinhalb Jahre später wurde ich am 15. November 1942 geboren. Im Meldorfer Krankenhaus und auf den Tag pünktlich. An einem Sonntag habe ich das Licht der Welt erblickt. Mein Vater war da schon nicht mehr am Leben.

Im Wochenbett erfuhr die Mutter, dass ihr Mann am 01. November in Russland gefallen war. Ihre Schwester, meine Tante Dedi, musste ihr die traurige Nachricht überbringen.

4

Die Mutter blieb in der kleinen Wohnung in Meldorf. Was sollte sie auch machen? Es herrschte Krieg, sie war Witwe und sie hatte einen Säugling und ein vier Jahre altes Kind zu versorgen. Und so ist Meldorf mein Heimatort geworden.

Dieses Meldorf ist eine liebenswerte Kleinstadt, die früher, bevor der Speicherkoog gebaut wurde, nur zwei Kilometer von der Nordsee entfernt lag. Die Straßen der Stadt sind krumm und verwinkelt, die Häuser alt und ehrwürdig. Im Zentrum der Stadt steht eine gotische Backsteinkirche, die von einem großen Marktplatz mit Katzenkopfpflaster umgeben ist. Der Kirchturm ist von der flachen Marsch aus kilometerweit zu sehen.

So übersichtlich wie die Stadt gegliedert ist, so übersichtlich war in meiner Kindheit und Jugend auch ihr soziales Gefüge.

Ich empfinde es als ein Geschenk des Schicksals, in dieser kleinen Stadt geboren und aufgewachsen zu sein.

Der Wind weht in Dithmarschen meistens aus Westen und ist frisch und feucht. Der Himmel ist hier heller und höher als anderswo und die Schönwetterwolken sind weißer.

Zurück zum November 1942. Von Kriegshandlungen blieb Meldorf weitgehend verschont. Die Raffinerie in Hemmingstedt, sechs Kilometer weiter nördlich, wurde bombardiert. In Meldorf blieb es ruhig. Eine einzige Bombe fiel in der Nähe der Stadt.

Trotzdem hat eine meiner frühesten Erinnerungen etwas mit einem Bombenalarm zu tun. Ich muss ungefähr zwei Jahre alt gewesen sein, als mich die Mutter mitten in der Nacht aus dem Bett holte, mich notdürftig anzog und sich mit Hilke und mir in den Keller des Hauses setzte.

Die Lampe gab rötliches Licht, es war kühl und unheimlich. Lange blieben wir unten bei den eingemachten Erbsen und Bohnen und den Marmeladengläsern. Neben uns in dem engen Raum saß Frau Richter, mit der sich die Mutter nicht gut verstand. Die Atmosphäre war beklemmend, nicht nur wegen der Bomben. Nur dies eine Mal hat die Mutter Schutz im Keller gesucht.

Frau Richter betrieb nebenan eine Entbindungsanstalt. Die Mutter regte sich über die schlechten hygienischen Verhältnisse auf. Oft muss sie durch die Schreie der Gebärenden des Nachts aufgewacht sein. Ich sehe noch heute Frauengestalten in Morgenmänteln zum Plumpsklo wanken. Aber ich verstand überhaupt nichts. Ich kannte nur das Wort Entbindung und konnte mir nichts darunter vorstellen.

Die Mutter stieß im Hof auf verscharrte Reste von Nachgeburten, fürchtete um die Gesundheit ihrer spielenden Kinder und erstattete Anzeige bei der Polizei. Seit dieser Zeit herrschte Feindschaft zwischen den beiden Frauen.

Im Sommer 1943 reiste die Mutter trotz des Krieges nach Bad Segeberg. Das Haus dort war groß genug, um auch uns zu beherbergen. Von diesem Aufenthalt gibt es Fotos.

Auf einem der Bilder sitze ich im Kinderwagen. Hilke stützt meinen Kopf zärtlich mit der Hand. Sie hat eine Pumphose an. Ihr Oberkörper ist nackt.

Vor der großen Edeltanne im Segeberger Garten stemmt mich die Mutter in die Höhe. Ich lache. Obwohl es Hochsommer ist, trägt sie ein schwarzes Kleid.

Ein Jahr später stapfe ich schon allein über den Rasen. Viele Kinder tummeln sich auf Großvaters Spielwiese. Auch im Kurpark gehen wir spazieren. Meinem Gesicht ist anzusehen, dass ich neugierig auf die Welt bin.

Bei einem dieser Besuche – den genauen Zeitpunkt weiß ich nicht – machte Tante Käthe doch tatsächlich den Vorschlag, Hilke und mich zu trennen.

„Ich ziehe Hilke groß und du kümmerst dich um Uta", sagte sie zu der Mutter.

Entrüstet wies sie dieses Angebot zurück. Auch mit dem Vorschlag, nach Bad Segeberg zu ziehen, war sie nicht einverstanden. Ihr Schwiegervater und ihre Schwägerin waren ihr zu dominant.

Wir blieben also in Meldorf. Ich spielte weiterhin im Hof, in dem schmalen Gang zwischen unserem und dem Nachbarhaus und auf dem Tritt, der zur Grabenstraße zeigte. Auf dem Tritt stand mit Steinen geschrieben: APPEL. Oft saß ich dort und spielte mein liebstes Spiel: Geschichtensingen. In einem Wechsel von Arie und Sprechgesang dachte ich mir Abenteuer aus. Das war singendes Tagträumen. An die Inhalte kann ich mich nicht mehr erinnern, aber ich weiß noch, dass ich mich damit stundenlang beschäftigt habe.

Gegenüber gab es einen Altwarenhandel, daneben hatte eine Schneiderin ihr Haus, dann kam eine Bäckerei. Links von diesem Tritt befand sich ein normales Wohnhaus, rechts der Friseurladen. Wir durften auf dem Hof und in dem Schuppen des Altwarenhändlers nicht spielen, weil wir Flöhe mit nach Hause brachten, die sich immer die Mutter als Opfer aussuchten. Ich sehe sie noch heute auf Flohjagd vor mir. Im aufgeschlagenen Bett saß sie ganz still, starrte auf die Bettdecke und griff plötzlich blitzschnell zu. Dann wurde der Floh im Wasserglas versenkt. Wenn er ertrunken war, nach ein paar Tagen, wurde er im Waschbecken weggespült.

„Ich habe eben süßes Blut", sagte die Mutter resigniert, „deshalb kommen alle Flöhe zu mir."

Selbstverständlich habe ich mich nicht immer an dieses Verbot gehalten. Dafür war der Schuppen mit seinem Altpapier und seinem Alteisen viel zu spannend.

Ich bin nie in einen Kindergarten gegangen, weil die Mutter der Meinung war, da hole sich ein Kind nur Krankheiten. An soziales Lernen hat man früher noch nicht gedacht. Ob ein Kindergarten dafür wirklich so wichtig ist, bezweifle ich. Als ich zur Schule kam, hatte ich nämlich überhaupt keine Schwierigkeiten, mit den anderen Kindern in Kontakt zu kommen. Ich gehörte sofort dazu.

Vom Kindergarten verschont habe ich stundenlang allein auf dem Hof gespielt und habe den Kaninchen und Hühnern zugeschaut. Wir besaßen zehn Hühner und einen Hahn. Die Vögel badeten im Sand und bildeten Erdhöhlen. Von Zeit zu Zeit musste der zerwühlte Boden umgegraben werden, damit wir noch, ohne uns die Beine zu brechen, zu dem Häuschen gelangen konnten, in dem die Hühner auf der Stange schliefen und in dem sie meistens ihre Eier legten. Jeden Mittag knetete einer aus der Familie Kartoffelschalen, Kartoffeln und Maiskörner mit den Fingern zu einem Brei und stellte die flache Schale mit dem Futter zu den Tieren ins Gehege.

Oft sprang der Hahn einem der Hühner auf den Rücken, verbiss sich in dem roten Kamm und machte sich ganz flach. Eines der Hühner besprang der Hahn immer wieder. Es sah schon ganz zerrupft aus. Die anderen Hennen hackten auf diesem Huhn ebenfalls herum. Ich konnte den Hahn gar nicht gut leiden, weil er diese Henne nicht in Ruhe ließ. Aber sein Krähen mochte ich gern hören.

Im Nachbargarten sah ich eine alte Frau, die die dort frei laufenden Hühner lockte. Das war bestimmt eine Hexe.

„Tuck, tuck, tuck", sagte sie. Du lieber Gott, nun lockte sie auch mich mit dem Finger. Da sich zwischen mir und der Hexe ein Zaun befand, kam ich näher.

„Wo wohnst du denn, mein Kind?" und „Besuch mich doch einmal! Du findest mich im Haus nebenan."

Da mir die alte Frau nicht geheuer war – vielleicht durfte ich mich gar nicht mit ihr unterhalten? – erzählte ich der Mutter nichts von der Begegnung. Doch eines Tages fragte sie mich, ob ich die alte Frau von nebenan kenne. Ich hätte sie doch schon einmal im Hof getroffen.

„Warum hast du sie noch nie besucht?"

So war das immer. Manchmal tat ich etwas, das war ganz schlimm und ich wurde ausgeschimpft. Und manchmal tat ich etwas aus Vorsicht nicht, das war dann auch nicht richtig. Da sollte sich einer auskennen!

Die Hexe war die Witwe eines Regierungsrates, die vor den Russen in den Westen geflüchtet war. Von der Mutter aufgefordert, besuchte ich sie artig. Das Beste an Tante Redlich, so sollte ich sie nennen, war, dass sie einen Kanarienvogel besaß. Der hieß Hansi. Die alte Frau freute sich, dass ich kam, denn sie war einsam. Mir war sie lange nicht geheuer. Sie hatte etwas von der Künstlichkeit vornehmer Damen. Trotzdem habe ich sie jahrelang regelmäßig besucht. Als ich schon etwas älter war, schenkte sie mir einmal 10,– DM. Ich habe mir Hauffs Märchen von dem Geld gekauft.

Als sie starb, vererbte sie mir ein goldenes Medaillon mit einem Goldkettchen.

Auf unserem Hof standen zwei Birnbäume, die so groß waren, dass ich nicht hinaufklettern konnte. Im Herbst fielen grüne, harte Birnen in das spärliche Gras des Hofes. Sie schmeckten nicht gut. Direkt auf der Grenze zum Nachbargarten nach Norden aber wuchs ein Fliederbaum. Den konnte ich besteigen, wenn ich den Holzzaun des anderen Nachbargrundstücks zu Hilfe nahm. Dieser Zaun war wie eine Treppe. Oben konnte ich stehen und auf den Flieder hinüberwechseln. Oft nahm ich meine Puppen mit nach draußen und spielte mit ihnen oben im Baum. Von Weitem sah mich niemand und ich konnte den Hof belauschen.

Manchmal wurden die Schweine des Friseurs in den schmalen Streifen zwischen Holzzaun und Stall getrieben. Sie suhlten sich in dem meist matschigen Boden. Dann war es für mich schwierig, vom Fliederbaum herunterzukommen. Ich hatte nämlich Angst, von dem Zaun in das Schweineland zu fallen. Hinter dem schützenden Zaun stehend fand ich die Schweine interessant. Häufig habe ich ihnen zugeschaut, aber ich hatte keine Lust, zwischen ihnen im Dreck zu landen.

Zu dem Friseur gehörte ein Junge, der Winfried hieß. Er war ein Jahr älter als ich und wir haben oft zusammen gespielt. Als wir von der Grabenstraße wegzogen, habe ich ihn vergessen. Er hatte nämlich einmal zu mir gesagt, ich sei nur seine Zweitfrau, seine Erstfrau sei Marlies, die eine Straße weiter wohnte. Außerdem erklärte er mir, dass Jungen einen Wasserschlauch und Mädchen ein durchgeschnittenes Brötchen besitzen. Wie gesagt, ich habe ihn vergessen. Später habe ich erfahren, dass er Schlachter in Wolmersdorf, in einem Dorf in der Nähe Meldorfs, geworden ist.

Wenn wir die Grabenstraße westwärts gingen, stießen wir auf die Süderstraße. Hier gab es einen Kolonialwarenladen, düster und geheimnisvoll. Mir war der große Raum unheimlich. Der Zucker wurde in eine spitze Tüte geschaufelt und zugefaltet. Eine streng aussehende Frau, Amanda hieß sie, bediente. In diesem Kaufmannshaus waren zwei Jungen zu Hause, die ebenfalls älter als ich waren. Mit Hilke haben sie gespielt, aber mich wollten sie nicht dabei haben. Ich störte.

Peter, Ingo und Hilke aßen einmal unreife Stachelbeeren in dem großen Kaufmannsgarten. Anschließend tranken sie Leitungswasser. Hilke bekam furchtbare Bauchschmerzen und ich frohlockte:

„Das ist die Strafe dafür, dass ich nicht mitspielen durfte."

Mit Ingo bin ich die letzten fünf Schuljahre in eine Klasse gegangen. Peter gehörte in Hilkes Klasse. Sie haben ebenfalls zusammen Abitur gemacht. Peter ist Professor für Ingenieurwissenschaften geworden, Ingo Dozent für Soziologie an der Universität in Hamburg. Ihre Mutter, eine schmale blonde Frau, erkrankte an Brustkrebs und starb, als Ingo vierzehn Jahre alt war. In unmittelbarer Nachbarschaft erlag zur selben Zeit Frau Hass einem Krebsleiden. Auch sie hatte kleine Kinder. Die Mutter muss davon sehr betroffen gewesen sein, denn sie entwickelte ein paar Jahre später eine regelrechte Krebsangst.

Auf unserem Hof gab es außer dem Holzzaun, dem Flieder, den Birnbäumen, dem Kaninchen- und Hühnerstall und der Waschküche eine Reckstange. Sie diente dazu, Teppiche auszuklopfen. Die Stange ließ sich aber auch nach unten verschieben, sodass ich daran turnen konnte. Karpeister, Schweinebaumeln, sich mit einem Bein darauf setzen und mit Schwung eine Rolle drehen, vorwärts und rückwärts! Jeden Tag turnte ich an der Reckstange.

Eines Tages, der Krieg war zu Ende, ich war ungefähr zweieinhalb Jahre alt, besuchte uns ein magerer Mann. Das war Onkel Otto. Sofort nahm ich ihn bei der Hand und zeigte ihm meinen Hof und meine Turnkünste. Er lächelte.

Ihn hatte eine Odyssee zurück zu seiner Jugendfreundin geführt. Er war in einem Lager in Eiderstedt interniert und sollte, weil er in Osterburg in der Altmark wohnte, in die sowjetisch besetzte Zone entlassen werden. Um das zu verhindern, bat er die Mutter, ihn bei sich aufzunehmen. Das tat sie. Er schlief oben in der Dachkammer, im Winter auf dem Sofa in der Wohnstube.

Ingeborg und Otto G. Meier

Otto G. Meier war Volksschullehrer geworden. Er wurde am 28.08.1912 in Osterburg geboren und heiratete am 27.03.1937 Elfriede Heimers, kurz nach der Eheschließung meiner Eltern. Zwei Kinder, Helke und Hauke, entstammen dieser Verbindung. 1942 wurde die Ehe wegen Untreue der Frau geschieden. Otto nahm alle Schuld auf sich, weil zur damaligen Zeit Elfriede als schuldig Geschiedene keine Zukunft mehr gehabt hätte. Am 26.04.1944 heiratete er erneut, und zwar Henny Schmidt. Aus dieser Ehe ging der Sohn Gerd hervor, der am 24.10.1945 in einem Flüchtlingslager bei Sonderburg geboren wurde. Otto hat sein Kind wegen der sowjetischen Besatzungszone nie gesehen. Als er meine Mutter um Asyl bat, war er noch mit Henny verheiratet und sie war schwanger. Henny wohnte später bei Ottos Eltern in Osterburg.

Welche Gefühle und Gedanken mögen meine Mutter bewegt haben? Sie hat mir gegenüber nie darüber gesprochen.

War es die alte Zuneigung zu ihrer Jugendliebe Otto?
War es das Bedürfnis, einem Freund zu helfen?
Wollte sie männlichen Schutz in unsicherer Zeit?
Auf jeden Fall finde ich es mutig, dass sie sich dem Klatsch einer Kleinstadt ausgesetzt hat. Bratkartoffelverhältnis nannte man das damals.

Die Mutter war, finde ich, menschlicher als die Moral, die sie von sich zu geben pflegte. Wenn sie über sich selbst sprach, war sie nämlich stets eine Frau ohne Fehl und Tadel.

Mein Bruder Welf beurteilt die Angelegenheit anders. Für ihn hat sich unsere Mutter zwischen Otto und seine Frau Henny gedrängt. Sie hat eine bestehende Ehe zerstört und hat ein Kind vaterlos gemacht.

Können wir Heutigen die Angst vor den Russen nachvollziehen?

Henny hat um ihre Ehe gekämpft. Sie ist – ich habe keine Erinnerung daran – in Meldorf aufgetaucht. Sie sollen gestritten haben. Die Entscheidung fiel Otto leichter, als er erfuhr, dass Henny in Osterburg auch eine Beziehung hatte. Am 10.03.1949 wurde die Ehe geschieden.

Schon am 02.08.1949 wurden Otto und die Mutter ein Ehepaar. Sie sind auf ihrer Hochzeitsreise in ihre geliebte Lüneburger Heide gefahren. Hilke und ich waren bei Großmutter in Bad Segeberg. Am Hochzeitstag bekam Hilke eine roten und ich einen blauen Ball geschenkt.

Mein Bruder Welf wurde am 19.01.1951 geboren.

Wie soll ich in dieser Familienchronik meinen neuen Vater nennen?

„Mein Vater" möchte ich nicht sagen, weil er dann mit meinem leiblichen Vater verwechselt werden kann. Das Wort „Stiefvater" trifft den Sachverhalt nicht. Er war uns ein guter und gütiger Vater. Wenn ich es nicht anders gewusst hätte, wäre ich nicht darauf gekommen, dass er nicht mein richtiger Vater war. Er kümmerte sich um uns, wir konnten ihn fragen, wenn wir eine Mathematikaufgabe nicht lösen konnten, er war geduldig und ausgleichend. Ich habe ihn geliebt. Er strafte milde, d.h., er versuchte lediglich, unser Verständnis zu erreichen, wenn wir etwas angestellt hatten. Er hat mich nie geschlagen.

Bei uns herrschte die traditionelle Arbeitsteilung. Mein neuer Vater vertrat die Familie nach außen, innen gab die Mutter den Ton an. Bei Wissensfragen wendeten wir uns an ihn, für das Emotionale war sie zuständig.

Hilke und ich sagten Vati zu ihm.

Ich werde in dieser Chronik Otto sagen, obwohl mein Gefühl für ihn nicht so distanziert ist, wie die Nennung des Vornamens nahelegt.

Von Zeit zu Zeit hielt ein Pferdewagen vor unserem Haus. Kaltblüter zogen den Wagen. Ihre Augen waren durch Scheuklappen geschützt. Männer brachten leere Eimer und schleppten die vollen „Goldeimer" durch unseren engen Gang. Die Mülleimer, die damals Ascheimer hießen, wurden ebenfalls regelmäßig ausgetauscht. Sie waren mit Asche vollgefüllt, denn in der Küche gab es keinen Gas- oder Elektro-, sondern einen Kohleherd. Den Kachelofen im Wohnzimmer heizte die Mutter mit Briketts und Koks.

Im Schuppen, in dem sich die Waschküche befand, lagerten auch unsere Kohlevorräte. Sie wurden vom Händler vor dem Haus ausgeschüttet und wir mussten die Briketts in den Hof tragen und im Stall stapeln. Der Koks wurde in eine Ecke getan. Manchmal wurde auch Torf geliefert, der ebenfalls gestapelt werden musste. Zum Schluss hatte Otto ein schwarzes Gesicht, aus dem das Weiße der Augen gespenstisch leuchtete.

Die Küche, die ein Flur war, diente nicht nur zum Kochen. Sie war auch unser Badezimmer. Tagtäglich wuschen wir uns unter dem Wasserhahn mit dem Emaillebecken. Am Samstagabend aber machte die Mutter Wasser in einem Kessel auf dem Herd heiß, stellte eine Zinkbadewanne auf einen Hocker und füllte sie mit kochendem Wasser. Kaltes Wasser kam dazu. Zuerst stieg ich in die Wanne, dann Hilke.

Manchmal spazierten wir auch ins Bütjebad, das sich in der Nähe der Volksschule befand. Wir mieteten einen Raum mit zwei Badewannen. Meine Eltern benutzten die eine, Hilke und ich die andere Wanne. Da aalten wir uns im warmen Wasser so lange wie möglich. Die neue saubere Unterwäsche hatten wir mitgebracht. Entsetzlich waren die steifen Hemden und Unterhosen. Am schlimmsten war das Leibchen. Ich brauchte Stunden, bis ich mich in der neuen Wäsche wohlfühlte. Zum Glück trugen wir sie eine Woche lang.

Das Wäschewaschen, die große Wäsche, war ein unangenehmes Ereignis, weil die Mutter immer aufgeregt war, denn die Waschfrau Frau Siegmund brauchte gutes Essen, sonst kam sie nicht wieder. Die Mutter weichte die Wäsche einen Abend vorher mit Sil ein, dann wurde sie im Waschkessel stundenlang mit Persil gekocht. Frau Siegmund nahm einen Stock und stocherte in der Wäsche herum. Portionsweise nahm sie die Kochwäsche heraus und schrubbte sie auf einem gewellten Waschbrett. Die Arme aufgekrempelt, der Kopf hochrot und die Haut an den Händen verschrumpelt.

„Waschfrauenhände", sagten Hilke und ich dazu. Dreimal musste die Wäsche gespült werden, dann wurde sie gewrungen und auf dem Hof zum Trocknen aufgehängt.

Beim Recken und Sprengen musste ich der Mutter oft helfen. Ich hielt das Bettlaken auf einer Seite fest und sie zog auf der anderen Seite nach rechts und nach links. Dann ruckelte sie vor und zurück. Manchmal fiel ich dabei um. Danach sprengte sie, faltete zusammen und brachte die Wäsche auf dem Fahrrad zum Mangeln. Der Geruch nach heißer Luft. Nach zwei Tagen holten wir die Wäsche wieder ab.

Wäschewaschen war so aufwendig, dass ich einsah, dass ein Fleck zunächst einmal mit Wasser, Seife und einem Stück Stoff beseitigt werden musste. Ich fand es allerdings lästig, wenn die Mutter so an mir herumrieb.

Wollpullover wusch sie in einer Schüssel. Sie drückte die Wolle nur leicht, damit sie nicht verfilzte. Das Wasser war kalt bis lauwarm. In das letzte Spülwasser gab sie einen Schuss Essig.

„Damit die Farben schön leuchten", sagte sie.

Ich habe ihr oft beim Waschen zugeschaut.

Otto konnte nicht gleich wieder als Lehrer arbeiten, weil er in der Partei gewesen war. Er fing eine Lehre beim Gärtner Kieschnick an. Nach zwei Jahren machte er seine Gesellenprüfung. Während dieser Zeit wurde er auch in Neuengamme von den Engländern entnazifiziert. Als er zurückkam, war er hohläugig und hatte eingefallene Wangen. Gespenstisch sah er aus.

Später durfte er wieder in der Volksschule unterrichten. Er brachte einer Gruppe aus Hilkes Klasse das Blockflötespielen bei. Ich durfte mitmachen, obwohl ich erst fünf Jahre alt war. So habe ich zuerst Noten und erst später Buchstaben für das Lesen gelernt. Ein Jahr lang habe ich mit den Großen mitgehalten. Ich war stolz, dass mich Otto mit in die Schule nahm. Wie die Treppen gerochen haben, es war eine Mischung aus Öl und Schmutz, weiß ich noch genau.

Wenn ich Geburtstag hatte, brachte Otto Märchenfilme – Der gestiefelte Kater z.B. – von der Schule mit. Damals war es ein außergewöhnliches Ereignis, einen Film zu sehen. So war meine Geburtstagsfeier für meine Freundinnen etwas Besonderes. Zuerst gab es Kakao und Kuchen, später Pudding mit Soße und am Abend Kartoffelsalat mit

Würstchen. Regelmäßig war mir übel vom vielen Essen. Aber das war erst ein paar Jahre später. Da haben wir schon in der Theodor-Storm-Straße gewohnt.

Der Winter 1946/47, ich war gerade vier Jahre alt geworden, war besonders hart. Meine Eltern schlichen sich nachts in die Anlagen und versuchten heimlich, die Wurzeln eines abgeschlagenen Baumes zu roden. Ansonsten nahmen sie Ölkreide aus Hemmingstedt zum Heizen, die nur einen geringen Brennwert hatte und am Morgen mühselig wieder aus dem Ofen herausgeschlagen werden musste. In diesem Winter erkrankte ich an Lungenentzündung und wäre beinahe gestorben. Es gab noch kein Penicillin. Dr. Behrends aus der Hindenburgstraße besuchte mich täglich. Ich erinnere mich noch an die Fieberträume. Eine Hexe, die ich vorher geärgert hatte, verfolgte mich durch den langen Gang zur Knabenbürgerschule. Sie kam näher und näher und ich konnte nicht weglaufen. Die Hexe packte mich am Kleid, ich schrie vor Angst und erwachte.

Als es mir wieder besser ging, nahm mich die Mutter mit hinaus in den Schnee. Unvorstellbar hohe weiße Berge türmten sich auf der Straße. Am Albersberg rodelte Hilke mit anderen Kindern. Sie hatten Torbögen geformt, durch die sie fahren mussten. Unten landeten die Schlitten auf der Westerstraße. Kein Mensch machte sich Sorgen wegen Autos. Es kam so selten eines vorbei. Ich durfte nur einen kurzen Augenblick zusehen, dann musste ich zurück in die warme Stube.

An diesem Weihnachtsfest kam der Weihnachtsmann, das war Ingos verkleidete Tante Amanda. Ängstlich versteckte ich mich hinter dem Kachelofen und dachte:

„Soll Hilke doch mit dem Weihnachtsmann reden. Sie ist die Ältere."

So habe ich oft meine Schwester das Unangenehme machen lassen und mich hinter ihrem Rücken versteckt. Meistens habe ich mich vor dem Bedanken gedrückt.

Wie alle Geschwister stritten wir uns ab und an. Weil Hilke vier Jahre älter ist, verlor ich immer, wenn wir uns prügelten. Das hat mich furchtbar geärgert. Ich habe gelernt, körperliche Auseinandersetzungen mir ihr zu vermeiden. Wahrscheinlich habe ich versucht, mit Worten zu fechten. Wenn wir zu sehr kreischten und die Mutter die Nerven verlor – das kam allerdings selten vor – holte sie den Teppichklopfer aus der Vorratskammer, ging zuerst mit Hilke in die Schlafstube, dann war ich an der Reihe. Sie hielt mich mit der linken Hand, mit der rechten den Klopfer. Ich bin immer im Kreis gerannt. Sie musste sich mitdrehen, wenn sie mich erwischen wollte. Ich hatte meistens Glück. Ihr Zorn war schon verraucht, wenn ich in die Schlafstube gerufen wurde. Solche pädagogischen Maßnahmen kamen, wie schon gesagt, nicht oft vor. Hilke und ich sind keine geprügelten Kinder.

5

Das einzige Kind, das ich an meinem ersten Schultag kannte, war ein Junge. Wir setzten uns beide nebeneinander in die Bank. Die Lehrerin begrüßte die Eltern und uns. Dann machte sie Ordnung. Sie sagte:

„Ihr seid nun schon groß, da dürfen Jungen und Mädchen nicht mehr nebeneinandersitzen. Auf die eine Seite gehören die Mädchen, auf die andere die Jungen."

Beschämt suchte ich mir auf der anderen Seite einen Platz. So habe ich bereits an meinem ersten Schultag fürs Leben gelernt.

Dieselbe Lehrerin teilte gegen Ende des ersten Schuljahres Hefte zum Diktatschreiben aus. Ein Mädchen hinter mir flüsterte:

„Ich habe meinen Bleistift vergessen."

Ich drehte mich um und gab ihr einen, ohne ein Wort zu sagen. Batsch, hatte ich einen Schlag auf die Backe. Das war so ungerecht, dass ich der Lehrerin bis auf den heutigen Tag nicht verziehen habe.

Dann wurde sie schwanger und wir hatten keine Lehrerin. Otto sorgte dafür, dass ich in eine andere erste Klasse kam. Diese Lehrerin, Fräulein Schaper, mochte ich viel lieber. Aber die Schule hat mir auch vorher schon Spaß gemacht.

Endlich lernte ich lesen. Ich kam gleich am Anfang der Leselernphase auf die Idee, dass ich nun „Hänschen im Blaubeerenwald" ganz allein entziffern konnte. Also legte ich mir das Buch auf den Schoß und fing an zu buchstabieren. Da ich den Bilderbuchtext fast auswendig konnte, las ich ziemlich fließend. Die Mutter, Otto und Hilke hörten mir zu und staunten. Welch ein Glück, jetzt musste ich nicht mehr betteln, dass mir einer etwas vorlas!

In der ersten Klasse lernten wir nicht nur lesen, schreiben und rechnen, sondern auch tanzen. Für das Vogelschießen, das immer im Rosenmonat Juni stattfand, mussten wir Lieder und Tänze üben.

„Go von mi, go von mi, ik mach di ni sehn, komm to mi, komm to mi, ik bün so alleen. Fideralalala, fideralalala, komm to mi, komm to mi, ik bün so alleen." (Geh von mir, geh von mir, ich mag dich nicht sehen, komm zu mir, komm zu mir, ich bin so allein.)

Zuerst schickten wir den Partner mit einer abweisenden Armbewegung von uns, dann lockten wir den nächsten mit dem Zeigefinger und tanzten mit ihm eine Runde Polka. Danach wiederholte sich das Ganze. Dieser Tanz ergab mit seinem ständigen Wechsel des Partners ein schönes Durcheinander.

„Wenn hier en Pott mit Bohnen steiht und dor en Pott mit Brie, dann lat ik Brie und Bohnen stahn und danz mit min Marie. Fideralalala ..." (Wenn hier ein Topf mit Bohnen steht und da ein Topf mit Brei, dann lass ich Brei und Bohnen stehen und tanz mit meiner Marie.) Zu dieser Melodie mussten wir paarweise hin- und hergehen und beim Wenden einen Knicks bzw. einen Diener machen.

„Ach, lieber Schuster, du, schnür du mir meine Schuh. Die Schuh die sind entzwei, der Schuster sitzt dabei. Fideralalala ..." Der Junge hockte sich hin, das Mädchen stellte einen Fuß auf das Knie des Jungen und beide schnürten symbolisch den Schuh auf.

Die Lehrerin führte uns hinter die Turnhalle und übte mit uns Lieder und Tänze ein.

Am Tag des Vogelschießens gab es in jeder Klasse Wettkämpfe der verschiedensten Art, z.B. Dosen umstoßen oder Ringe werfen. Auf alle warteten Preise, die die Geschäftsleute der Stadt gestiftet hatten. Die Jungen aus der neunten Klasse mussten mit der Armbrust auf einen Holzvogel schießen. (Deshalb der Name Vogelschießen für das Fest.) Wer am meisten Holz herunterholte, wurde König. Er und seine Königin trugen eine goldene Krone beim Umzug. Die Kronen waren wunderschön.

Die Gewinner der anderen Klassen waren auch König und Königin und erhielten eine blaue bzw. rote Schärpe.

Um zwei Uhr begann der Umzug. Alle Mädchen und Jungen hatten sich hübsch angezogen. Damals waren Organdykleider modern. Als Organdy bezeichnet man einen Baumwollstoff, der mit Schwefelsäure und Lauge behandelt und dadurch transparent geworden ist. Jeder Junge hielt einen Stock mit Blumen, jeweils drei Mädchen gehörten zu einem Blumenbogen. Zwei Mädchen trugen den Bogen, eines lief in der Mitte. Sie wechselten sich ab, sodass sich jedes einmal in der Mitte vom Tragen ausruhen konnte.

In der ganzen Stadt duftete es nach Rosen. Am Straßenrand standen die Mütter und Väter und winkten ihren Kindern zu. Die Lehrer sorgten für Ordnung und schritten ihrer Klasse voran. Danach wurde in allen Sälen der Stadt getanzt.

Nach einer kurzen Abendbrotpause ging es bis zehn Uhr weiter. Zum Abschluss hielt der Rektor oder der Bürgermeister – ich weiß nicht mehr genau, wer – auf dem Marktplatz eine Rede.

Ich tanzte leidenschaftlich gern. Die Jungen saßen auf der einen Seite des Saales, die Mädchen auf der anderen. Wenn der Tusch ertönte, rannten die Jungen über den Tanzboden und stürzten auf uns Mädchen zu. Ich war stolz, wenn mich drei zur gleichen Zeit aufforderten. Dann konnte ich wählen.

Die Mütter saßen am Rand der Tanzfläche an Tischen bei Kaffee und Kuchen und freuten sich ihrer Kinder.

Vogelschießen ist das Sinnbild meiner Kindheit: Blumenduft und Tanzen und Toben im Ballsaal.

6

Damals in der dritten Klasse, als ich noch Oblaten mit Engeln darauf getauscht und nachmittags und abends Taschentücher mit Stäbchen und Luftmaschen umhäkelt habe – die Mutter hatte mir diese nützliche Beschäftigung beigebracht –, hatten wir einmal in der Woche nachmittags Spielturnen.

Alle Mädchen meiner Klasse standen vor der Tür der Turnhalle und warteten auf die Lehrerin. Sie kam und kam nicht. Auf einmal erschien der Hausmeister und sagte:

„Fräulein Schaper ist krank. Sie kommt heute nicht. Ihr könnt nach Hause gehen."

Mein Gott, unsere Lehrerin war krank! Das war noch nie vorgekommen. Erregt unterhielt ich mich mit Christa, Margrit und Ingrid.

„Wir müssen nachsehen, wie es ihr geht. Vielleicht müssen wir ihr helfen", sagte ich.

Meine Klassenkameradinnen sahen mich erstaunt an, dann nickten sie zustimmend.

„Aber sie wohnt doch in Süderhastedt", warf Ingrid ein. „Das ist ganz schön weit weg."

„So weit nun auch wieder nicht", meinte ich. „Zusammen mit meinen Eltern bin ich schon mal dort gewesen. Mit dem Fahrrad. Ich weiß genau, in welchem Haus sie wohnt."

Allmählich fingen meine Freundinnen Feuer und wir beschlossen aufzubrechen, um unsere Lehrerin zu besuchen.

Süderhastedt liegt zwölf Kilometer von Meldorf entfernt. Die Kilometerzahl wusste ich zu jener Zeit nicht. Wir gingen oft lange Strecken zu Fuß, da wir kein Auto besaßen, ja, ich kannte überhaupt niemanden, der ein Auto sein Eigen nannte.

Wir marschierten los. Ganz offensichtlich war die mollige Margrit das Wandern nicht so gewohnt wie wir anderen.

„Ich finde es ganz schön weit", jammerte sie.

„Es dauert nur noch ein bisschen", sagte ich aufmunternd. „Wenn wir jetzt umkehren, ist es weiter, als wenn wir vorangehen."

Das stimmte zwar nicht, aber ich fand mein Argument überzeugend. Aufzugeben kam für mich nicht infrage.

„Wie viele Kilometer sind es noch?", fragte Christa und sah mich verzweifelt an.

„Ich glaube, noch drei Kilometer", flunkerte ich.

Christa sprang in den Graben neben der Chaussee und fing an zu beten. Ungläubig sah ich ihr zu. Wir mussten laufen. Dazu brauchten wir den lieben Gott nicht.

Es fing schon an zu dunkeln, als wir Süderhastedt nach drei Stunden erreichten. Ich hatte meine Freundinnen so angetrieben, dass sie nicht schlappgemacht hatten. Nun standen wir vor einem eisernen Gartentor und klingelten und auf einmal wusste ich nicht mehr, warum wir hier eigentlich standen und hineinwollten. Ich kam mir aufdringlich vor. Irgendetwas war falsch, irgendetwas hatte ich falsch gemacht.

Die Mutter unserer Lehrerin öffnete und fragte, was wir wollten.

„Wir möchten gern Fräulein Schaper, unsere Lehrerin, besuchen. Sie ist nicht zum Spielturnen gekommen", stotterte ich.

Die Augen der alten Frau weiteten sich.

„Aus Meldorf kommt ihr?", fragte sie.

„Ja", antworteten wir im Chor.

Kopfschüttelnd führte sie uns durch den Garten zu einem Häuschen, in dem unsere Lehrerin ruhte. Ich sehe noch heute ihr entsetztes Gesicht.

„Wissen eure Eltern von eurem Ausflug?"

Nein, natürlich wussten sie nichts. Wir hatten uns gleich aufgemacht, um keine Zeit zu verlieren.

Es dauerte keine Viertelstunde, da saßen wir vier Sünderinnen im Bus und fuhren nach Hause. Meine Eltern hatten kein Telefon. Die Lehrerin rief beim Bäcker an, der in der Nähe unserer Wohnung seinen Laden hatte. Er gab meinen Eltern Bescheid und sie informierten die Eltern von Christa, Margrit und Ingrid.

Zu Hause empfing mich der Teppichklopfer.

„Damit du so etwas nie wieder tust", sagte die Mutter und schlug zu.

Das war die letzte Tracht Prügel, die ich in meinem Leben bekommen habe.

7

Ich spielte gern mit meinen Puppen, aber dass wir ein Geschwisterchen bekommen sollten, war weitaus aufregender. Eine lebendige Puppe! Damals war ich acht Jahre alt.

Ich erlebte das Werden und Wachsen des Kindes andächtig mit. Manchmal legte die Mutter meine Hand auf ihren dicken Bauch und sagte:

„Fühl mal! Jetzt bewegt es sich wieder."

Ich freute mich unbändig auf das Baby.

Oft habe ich zugeschaut, wenn Welf gebadet wurde. Ich erinnere mich noch an jeden Handgriff der Mutter, sehe, wie sie sein Köpfchen und gleich darauf den ganzen Körper einseifte und dann vorsichtig wieder abspülte. Sie prüfte die Temperatur des Badewassers mit ihrem Ellenbogen. Das Fläschchen legte sie an das geschlossene Auge, um zu entscheiden, ob es zu kalt oder zu heiß war. Dann tropfte sie die Milch auf ihren Handrücken und kontrollierte den Geschmack.

Ich habe auf diese Weise bei meinem eigenen Kind einmal gemerkt, dass ich Salz anstelle von Zucker genommen hatte. Olfert weigerte sich beharrlich, seine Flasche zu trinken. Bis ich prüfte und vor Schreck erstarrte.

Welf schlief im Kinderwagen in der Wohnstube. Für ein Bettchen war nirgendwo Platz. Bei Sonnenschein stellte ihn die Mutter in den Hof. Sie fuhr ihn nicht spazieren, damit er nicht verwöhnt wurde. Ihrer Meinung nach fing Erziehung gleich nach der Geburt an.

„Wenn wir wieder zu Hause sind, fängt er an zu schreien und will immer ausgefahren werden."

Ich hätte ihn gern ausgeführt, aber sie sagte:

„Kinder können nicht auf Kinder aufpassen."

Ein einziges Mal durfte ich ihn allein spazieren fahren. Ich musste zur vierten Stunde in der Schule sein und es wurde Zeit, Welf zu Hause wieder abzugeben. Trotzdem schob ich den Kinderwagen langsam, weil er eingeschlafen war und ich ihn nicht aufwecken wollte. Ich kam viel zu spät in den Unterricht, entschuldigte mich, gestand den Grund für meine Verspätung und bekam eine Strafarbeit aufgebrummt. Nach dem Unterricht winkte mich Fräulein Schaper zu sich:

„Vor dir ist schon Klaus zu spät gekommen. Da musste ich auch dir eine Sonderarbeit geben."

Sie lächelte mich an. Lehrerinnen haben es auch nicht leicht, immer gerecht zu sein, dachte ich, denn ich war der Meinung, dass ich eine Strafarbeit nicht verdient hatte.

Wenn Welf seine Spielsachen aus dem Laufstall warf, habe ich sie geduldig wieder zurückgelegt. Meistens aber kletterte ich ins Ställchen und spielte mit ihm. Ich fühlte mich wie seine Mutter. Noch heute verwechsle ich manchmal seinen Namen mit dem meines ersten Sohnes. Für beide musste ich – meinem Gefühl nach – sorgen.

Als Welf in die Sexta ging, war ich in der Oberprima. Die Sextaner wurden nicht im Hauptgebäude unterrichtet – es war zu klein –, sondern in einer Baracke etwa zehn Minuten entfernt. Zum Sport- und Musikunterricht kam Welf in die große Schule. Ich wartete regelmäßig am Pausentor auf ihn und dann drehten wir beide Hand in Hand auf dem Schulhof unsere Runden. Mein Brüderchen platzte beinahe vor Stolz, wie ein Großer auf dem Hof herumstolzieren zu können. Jahre später hat mir eine Freundin erzählt, dass sie und ihre Klassenkameraden jedes Mal hinter uns hergelaufen seien und sich halb tot über uns gelacht hätten, weil wir uns angefasst hielten. Ich fand es völlig normal, meinen Bruder bei der Hand zu nehmen, und habe auch nicht wahrgenommen, dass sich jemand über uns lustig gemacht hat.

Das Schlafzimmer in der Grabenstraße war für vier Personen sehr klein. Ich schlief, obwohl schon neun Jahre alt, noch immer im Kinderbett und stieß mir regelmäßig den

Kopf. Welf hatte überhaupt kein Bett und musste im Kinderwagen in der Wohnstube schlafen. Weil die Wohnung für fünf Menschen wirklich zu eng war, planten meine Eltern zu bauen. In der Östersiedlung erwarben sie ein 530 m² großes Grundstück in Erbpacht. Den Grundriss des Hauses entwarf Otto selbst. DM 25 000,- hat das Haus gekostet. Es ist ein kleines Backsteinhaus.

Theodor-Storm-Straße 32 – So kahl sah das Haus 1958 nicht mehr aus.

Wir freuten uns, in das neue Domizil in der Theodor-Storm-Straße 32 zu ziehen. Der Flur war winzig, von dem man in die Wohnstube und in die Küche mit Waschküche kam. Letztere wurde als solche nie benutzt. Vom Flur aus führte eine Treppe zum Kinder- und Elternschlafzimmer. Welf schlief bei meinen Eltern.

Bei uns im Kinderzimmer gab es eine Waschnische, selbstverständlich nur mit kaltem Wasser. Die Toilette befand sich drei Stufen oberhalb des Flurs. Eine Toilette mit Wasserspülung empfinde ich bis auf den heutigen Tag als eine der wichtigsten Erfindungen der Zivilisation.

Erst ein paar Jahre nach unserem Einzug wurde die Waschküche zu einem Badezimmer umgebaut.

Otto unterrichtete außer in der Knabenbürgerschule in der Berufsschule, um das Haus abzahlen zu können. Durch seine Ausbildung zum Gärtner war das möglich. Außerdem hielt er abends Vorträge. Ich weiß aber nicht, worüber er gesprochen hat.

Er gestaltete den Garten. Eine Hainbuchenhecke umrahmte das Eckgrundstück. Am Haus entlang führte ein Kiesweg, der ebenfalls durch eine Hecke, eine Wildpflaume, begrenzt wurde. Im Garten blühten Stauden, die Tante Käthe uns schenkte, aber Otto pflanzte auch Erdbeeren, säte Erbsen und Bohnen, legte Kartoffeln. Wenn die Mutter kochen wollte, holte sie sich Zwiebeln, Petersilie und Karotten aus dem Garten. Außerdem wuchsen Sträucher mit roten und schwarzen Johannisbeeren, Stachelbeeren, zwei Schattenmorellen, ein Pflaumenbaum und eine Quitte im Garten.

Wenn die Erdbeeren reif waren, musste ich pflücken. Hilke sicherlich auch. Jeden Mittag gab es einen tiefen Teller voll von Erdbeeren mit Milch. Wir konnten uns an den Früchten satt essen. Otto hatte stets ein Beet mit einjährigen, ein Beet mit zweijährigen und ein Beet mit dreijährigen Pflanzen. Letztere trugen die herrlichsten Erdbeeren. Senga sengana hieß die Sorte. Nach dreißig Jahren war der Boden, wie Otto bemerkte, erdbeermüde. Doch da wohnte ich schon lange nicht mehr in Meldorf.

Wir haben stundenlang Bohnen geschnippelt und Erbsen gepalt. Es gab nämlich noch einen Schrebergarten. Die mit Gemüse und Wasser gefüllten Dosen wurden beim Drechsler zugedreht. Zu Hause wurden sie zwei Stunden lang gekocht. Vorrat für den Winter.

Die Mutter machte auch Marmelade aus Erdbeeren, Kirschen, Roten und Schwarzen Johannisbeeren und aus Stachelbeeren. Am liebsten mochte ich die Schwarze Johannisbeermarmelade.

Am Sonnabend musste ich die Straße fegen und das Unkraut vom Bürgersteig entfernen. Dann verfluchte ich unser Eckgrundstück.

Als wir umzogen, ging ich noch in die vierte Klasse. Ich musste eine Aufnahmeprüfung von einer Woche machen, um in die weiterführende Schule, die Meldorfer Gelehrtenschule, zu kommen, in der mein Vater unterrichtet hatte. An der Haustür verabschiedete ich mich von der Mutter mit einem Kuss. Sie bemerkte meine Angst und sagte ernst:
„Uta, wer soll denn die Prüfung bestehen, wenn nicht du."
Dieser Satz tat mir gut, weil mir überhaupt nicht bewusst war, dass ich gute Noten in der Schule schrieb und dass ich mir keine Sorgen zu machen brauchte.
Während der Prüfungswoche holte mich Frau Weiß, meine spätere Mathematiklehrerin, an die Tafel. Ich sollte irgendeine Aufgabe vorrechnen. Trotz der Ermunterung meiner Mutter schlotterten mir die Knie.
„Du brauchst keine Angst zu haben", tröstete auch sie mich.
Im Gymnasium waren wir am Anfang in jeder Sexta fünfzig Schüler und Schülerinnen. Ich meldete mich für die Klasse der Auswärtigen, da die Meldorfer Klasse zu viele Kinder zählte. So lernte ich Ute Kählert aus Hochdonn und Anke Niemann aus Nordhastedt kennen, die meine Freundinnen wurden. Manchmal fuhr ich übers Wochenende mit dem Bus nach Nordhastedt oder nach Hochdonn. In einer anderen Familie zu sein war seltsam. Vor dem Mittagessen gaben sie sich nicht die Hand und sagten: „Frohe Mahlzeit!", wie es bei uns üblich war.
Ankes Mutter, eine Ärztin, schminkte sich die Lippen, das war ungewohnt für mich, aber auch spannend.
Nur Kleinigkeiten waren anders als zu Hause, aber es genügte, um mich fremd zu fühlen. Besonders schwer fiel es mir, beim Abschied Danke zu sagen. Leider war Hilke nicht in der Nähe, um diese lästige Aufgabe für mich zu

erledigen. Ich machte diese Ausflüge gern, aber noch lieber kam ich wieder nach Hause.

Anke und Ute leben heute beide nicht mehr. Schon als Studentin verunglückte Anke zusammen mit ihrer Schwester tödlich mit dem Auto. Ute ist vor vier Jahren an Krebs gestorben.

In der Sexta begann für mich die Klavierstunde bei Frau Ansorge. Hilke hatte schon zwei Jahre lang bei ihr Unterricht. Unsere Großmutter Emma hatte Hilke und mir das Klavier vererbt, das nun in der Wohnstube in der Theodor-Storm-Straße stand. Selbstverständlich wollte ich einmal so gut wie meine Oma oder aber mindestens so gut wie Hilke spielen können. Neun Jahre lang bin ich – bis auf die Schulferien – jede Woche mit den Noten unter dem Arm zu Frau Ansorge gegangen, die in der Nähe in einem sogenannten Delfshaus wohnte. Diese in der Nachkriegszeit entstandenen Häuser – es gibt sie heute noch – sind extrem klein und haben eine steile, in den ersten Stock führende Treppe, die mir schon als Kind unangenehm war. Das Haus meiner Klavierlehrerin hatte einen ganz besonderen Geruch. Ich würde ihn sofort wiedererkennen.

Mit Ausdauer übte ich nicht nur das Klavierspielen. Endlich gelang es mir, endlich entwich meinen gespitzten Lippen ein klarer, sauberer Pfeifton. Ich freute mich und pfiff nun unentwegt Lieder vor mich hin in dem Gefühl, etwas Wesentliches auf dem Weg zum Erwachsenwerden gelernt zu haben. Zehn Jahre war ich alt.

Tante Dedi, die gerade bei uns zu Besuch war, stöhnte auf, wenn sie mich pfeifen hörte. Sie hatte schwache Nerven, deshalb konnte sie Pfeiftöne nicht ertragen. Es machte sie nervös. Da ich meine Tante gut leiden konnte, verzieh ich ihr diese nervliche Schwäche.

Eines Tages spazierte ich allein durch die Stadt. In der Nähe des Bahnhofshotels zweigten mehrere Straßen ab: die Österstraße, die Bahnhofsstraße, die Rosenstraße, die Zingelstraße, die Klosterstraße und die Kampstraße. Ich pfiff fröhlich vor mich hin. Schließlich musste ich in Übung bleiben, wollte ich das Pfeifen nicht gleich wieder verlernen. In der Ferne sah ich Herrn Lubs, meinen Biologielehrer, näher kommen. Ich pfiff weiter, nahm meine Hände aus den Hosentaschen, wie es sich gehörte, grüßte, steckte meine Hände wieder in die Taschen und fing erneut an zu pfeifen. Kurz danach hatte ich die Begegnung mit meinem Lehrer vergessen.

Zwei Tage später in der nächsten Biologiestunde fixierte mich Herr Lubs plötzlich und sagte vor der ganzen Klasse: „Uta, kennst du die Verse?

Mädchen, die pfeifen,
und Hähnen, die krähen,
denen soll man bei Zeiten
die Hälse umdrehen."

Erschrocken sah ich ihn an. Was hatte ich denn nun schon wieder falsch gemacht? Ich hatte doch beim Grüßen die Hände aus den Taschen genommen.

„Nein", sagte die Mutter, „das war schon in Ordnung, aber anständige Mädchen pfeifen nicht, schon gar nicht auf der Straße."

Als wir in die Quarta versetzt wurden, waren in beiden Klassen nur noch 30 Schüler und Schülerinnen. Wo waren die anderen geblieben? Ich hatte es kaum bemerkt, dass unsere Klasse ständig geschrumpft war.

In der Sexta begann der Englischunterricht. Der Lehrer entdeckte mein Lispeln und wollte es mir austreiben. Ich sollte das „S" immer mit zusammengebissenen Zähnen sagen. Das habe ich nie geschafft. Ich lispele noch heute, ohne dass es mir je im Leben geschadet hätte. Friedrich Novotny, Bericht aus Bonn, mir sehr sympathisch, hat sich auch nicht um diesen Schönheitsfehler gekümmert.

Ab der Quarta lernte ich Latein bei Herrn Strunz. Jetzt saßen Einheimische und Auswärtige in einer Klasse.

Unsere Schule pflegte alte Traditionen. Jedes Jahr am 30. April wurde in Wolmersdorf, einem Dorf in der Nähe der Stadt, beim Bakenbrennen der Winter ausgetrieben. Schüler der Oberstufe hatten am Vormittag riesige Mengen Brennholz zu einem Baken gestapelt und eine Strohpuppe gebastelt. Am Abend stellten sich die Klassen von der Sexta bis zur Obertertia auf dem Schulhof auf und marschierten in Reih und Glied mit ihrem Klassenlehrer über den Sieben-Brücken-Weg nach Wolmersdorf. Es dunkelte bereits, wenn der Schulsprecher mit seiner Rede begann, den Holzstoß anzündete und die Puppe in die Flammen warf. Das Feuer knisterte schaurig-schön. Beim Bakenbrennen wurde der Winter symbolisch verbrannt.

Wir Schüler standen um das Feuer herum. Der Klassenverband hatte sich aufgelöst. Nach Hause durften wir gehen, wann wir wollten. Wenn das Feuer heruntergebrannt war, machten wir uns gegenseitig mit einem verkohlten Holzstück schwarz. Zum Schluss sprangen wir über die Glut.

Ich bin jedes Jahr allein durch die Wiesen nach Meldorf zurückgelaufen. Es roch nach Frühling. Die Kiebitze flogen gespenstisch auf und riefen kiwitt. Wann durfte ich sonst als Zehnjährige nachts allein draußen sein?

Die Untersekundaner und die Oberstufenschüler tanzten im Dorfkrug in den Mai. Die Lehrer machten eifrig mit.

8

Meine Puppen hießen Gisela, Wiebke und Peter. Später kam noch Elke dazu, die Hilke gehörte. Sie wollte nicht mehr mit ihrer Puppe spielen. Großzügig adoptierte ich sie. Ich muss aber gestehen, dass ich sie nicht so gut wie meine eigenen Kinder behandelt habe. Elke sah etwas grob aus, fand ich, einfach nicht so schön wie die meinigen.

Gisela bestand aus Zelluloid. Sie fühlte sich glatt und kühl an, die Finger waren spitz. Ich konnte mich mit ihnen kratzen. Sie hatte blaue Augen und ihr Haar, ein gewellter Bubikopf, bestand auch aus Zelluloid. Gisela trug einen braunroten Umhang mit Kapuze, der sehr elegant wirkte. Mit einem Wort: Gisela war die Vornehme.

Etwas bäurischer wirkten Wiebke und Peter. Sie hatten harte Köpfe aus irgendeiner Art von Kunststoff. Ihre Gesichter glänzten. Rumpf, Arme und Beine bestanden aus Stoff, waren weich und anschmiegsam. Wiebke hatte ein süßes Gesichtchen, aber am liebsten mochte ich Peter, der mit seinen blauen Augen voller Erstaunen in die Welt guckte. Er trug eine kurze graue Hose mit Trägern, die an eine bayrische Trachtenhose erinnerte. Sein Pullover war ebenfalls grau. Auf seinem Kopf saß ein Käppi, das von einem Zickzackgummiband gehalten wurde. Wiebke legte ich in eine blaue Wiege, setzte Peter daneben, damit er auf seine kleine Schwester aufpasste.

Dann stellte ich Gisela und Elke nebeneinander. Sie unterhielten sich gerne, denn sie waren ungefähr gleich alt.

Als ich noch nicht zur Schule ging, besuchte ich manchmal die kleine Tochter des Gärtners Kieschnick, bei dem Otto arbeitete. Sie besaß eine Puppe mit langem echtem Haar. Außerdem hatte sie Klappaugen. Einmal durfte ich sie vorsichtig kämmen. Dann wurde sie wieder zurück in den Schrank gestellt. Wie gern hätte ich so eine Puppe gehabt! Echtes Menschenhaar!

Aber die Mutter erklärte mir, dass eine solche Puppe so teuer sei, dass ich zum Schluss gar nicht mehr mit ihr spielen würde, weil etwas so Wertvolles nicht entzweigehen dürfe.

„Das ist gar kein Spielzeug für Kinder", sagte sie.

Da war ich allerdings anderer Meinung. Ich musste mich aber damit abfinden, dass meine Puppen keine richtigen Haare hatten. Trotzdem spielte ich weiterhin gern mit Gisela, Wiebke, Peter und Elke.

Als ich eines Tages aus der Schule nach Hause kam, ich war inzwischen zwölf Jahre alt, waren meine Puppen verschwunden. Die Mutter sagte:

„Du spielst ja doch nicht mehr mit ihnen. Ich habe sie in einem Karton auf den Boden gebracht."

Ich war traurig. Die Mutter hatte mich vorher nicht gefragt. Ich hätte bestimmt nicht eingewilligt. Aber die Mutter wollte Ordnung im Kinderzimmer haben und Ordnung geht über alles, also mussten die Puppen verschwinden.

In den nächsten Tagen entfernte sie auch noch die Märchenfiguren von der Wand, die Otto ausgesägt und bunt angemalt hatte. Solange ich zurückdenken konnte, hatten sie über meinem Kindertisch gehangen. In den Nachkriegsjahren tauschte Otto solche Figuren gegen Butter und Gemüse bei den Bauern. Die Prinzessin mit dem goldenen Ball am Brunnen, Hans im Glück mit seinem Wackerstein und Schneewittchen mit den sieben Zwergen. Ich glaube, die Mutter hat die Figuren in den Ascheimer geworfen. Sie sind nirgendwo wieder aufgetaucht. Ganz kahl sah mein Kindertisch aus. Es dauerte nicht lange, so verschwand auch der.

Im Alter von zwanzig Jahren, ich studierte bereits und fühlte mich vollkommen erwachsen, schlenderte ich in den Semesterferien immer wieder am Schaufenster des Spielzeugladens Seldenschloh vorbei. Da saß eine Puppe mit strubbeligem blondem Haar, bekleidet mit rosa Hemdchen und Höschen, und sollte DM 24,– kosten. Das war unerschwinglich viel Geld für mich.

Doch eines Tages ging ich entschlossen in den Spielzugladen und kaufte die Puppe. Endlich hatte ich eine mit Haaren! Der Mutter habe ich nichts von dem Kauf erzählt. Mit zwanzig weiß man allmählich, was man seiner Mutter besser nicht sagt.

Ich habe die Puppe jedenfalls mit in mein Studierzimmer nach Kiel genommen. „Mutterkomplex", sagte einer meiner Kommilitonen. Sollte er doch reden! Der hatte doch gar keine Ahnung!

Vor kurzer Zeit habe ich mir noch eine Puppe gekauft. Eine ganz teure, ebenfalls mit blondem Haar. Sie ist so groß und so schwer wie ein richtiges Baby. Ich habe den Jungen Philipp genannt.

Heute befinden sich alle meine Puppen, auch die vom Boden meines Elternhauses, in meinem Arbeitszimmer. Vom Schreibtisch aus kann ich sie auf dem oberen Bücherbord sitzen sehen. Nur Elke fehlt.

9

„Wenn du hundert Mark zusammengespart hast, kaufst du dir davon ein Fahrrad. Sollte es teurer sein, gebe ich den Rest dazu."

Diesen Pakt schloss Otto mit mir, als ich sechs Jahre alt war. Er hatte beobachtet, wie ich meine ersten schmerzhaften Fahrversuche auf einem Erwachsenenfahrrad startete. Es dauerte Jahre, bis ich den Betrag beisammenhatte. Fünfzig Pfennig pro Woche Taschengeld. Außerdem arbeitete ich im Frühjahr beim Bauern. Die Mutter war dagegen, doch ich wollte es unbedingt. Bei der Gastwirtschaft an der Ecke Grabenstraße/Süderstraße standen Marschbauern mit ihren Traktoren. Wir Kinder kletterten auf die Anhänger und wurden auf die Felder transportiert. Entweder mussten wir Rüben verziehen oder Kohl pflanzen.

Beim Rübenverziehen rutschten wir auf dem Hintern oder auf den Knien durch zwei Reihen Rüben und zogen rechts und links Pflanzen heraus, damit die, die stehen blieben, nicht zu eng zueinander wuchsen. Für 70 Pfennig die Stunde arbeiteten wir fünf Stunden, unterbrochen von einer Pause von fünfzehn Minuten, in denen uns die Bäuerin Wurstbrote und Muckefuck (Malzkaffee) mit Milch vermischt gab.

Beim Kohlpflanzen hielten wir in der rechten Hand ein Bündel Kohlpflanzen, steckten mit der linken eine Pflanze in eine Rille im Boden und traten sie mit dem linken Fuß fest. Das bedeutete Bücken, Hineinstecken, Aufrichten und Treten. Bücken, Hineinstecken, Aufrichten und Treten – fünf Stunden lang. Als ich etwas älter war, habe ich schon DM 1,30,– pro Stunde dafür erhalten.

Auch Erbsen und Bohnen habe ich beim Bauern gepflückt und Kartoffeln gesammelt. Letzteres war mühsam, weil die Körbe mit den Kartoffeln sehr schwer zu tragen waren.

Das Fahrrad kostete DM 130,–. Ich war sehr stolz, dass ich mit zehn Jahren DM 100,– beisammen hatte.

Das Jahr davor war ich noch mit einem geliehenen Fahrrad an die Ostsee gefahren. Meine Eltern, Hilke, Welf und ich brauchten zwei Tage für die Strecke quer durch Schleswig-Holstein. Irgendwo in Ostholstein übernachteten wir in Getreidehocken auf einem Feld. Wir hörten die Mäuse rascheln. Am nächsten Tag ging es wieder bergauf und bergab. Endlose Weizenfelder zogen sich an der Chaussee entlang. Das Bergauffahren war anstrengend für eine Neunjährige. Der eineinhalbjährige Welf saß bei Otto vorn auf einem Sattel.

An der Hohwachter Bucht zelteten wir auf einem Campingplatz in den Dünen. Meine Eltern und Welf lagen in dem einen, Hilke und ich in dem anderen Zelt. Morgens badeten wir als Erstes in der kalten Ostsee. Tagsüber suchte ich Steine am Flutsaum. Da sie nass waren, glänzten sie wie Edelsteine. Später trockneten sie und wurden zu meiner Enttäuschung stumpf. Aber für mich waren es immer noch edle Steine.

Die Mutter kochte das Essen auf einem Spirituskocher im Freien. Der Sand in der Frikadelle knirschte zwischen den Zähnen.

Leider regnete es häufig. Hilke und ich lagen im Schlafsack in unserem Zelt, das aus vier Dreiecksbahnen zusammengeknöpft war. Wenn wir an die Plane stießen, regnete es durch. Um uns die Zeit zu vertreiben, spielten wir Blockflöte. Zweistimmig. In jenem kalten Sommer war das Zelten ausgesprochen ungemütlich.

Im nächsten Jahr hatte ich schon mein eigenes Fahrrad. Wir fuhren nach Husum, wo wir in der Jugendherberge übernachteten, dann nach Dagebüll. Von hier aus setzten wir mit einem Fährschiff nach Wittdün auf Amrum über. Mein schönes neues Fahrrad machte auf der Fähre mit einer Salzwasserwelle Bekanntschaft. Hoffentlich fing es nicht schon im ersten Jahr an zu rosten. Auch auf Amrum hatten wir mit dem Wetter kein Glück. Meine Eltern gaben das Zelten auf und wir wohnten die ganze Zeit in der Jugendherberge in Wittdün.

Wenn wir baden wollten, mussten wir weit über den Kniepsand wandern.

Als Naturschutzbeauftragter des Kreises Süderdithmarschen war Otto für die Vogelschutzinsel Trischen verantwortlich. Ein älterer Mann, Herr Kümmerle aus Schwaben, betreute in den Sommermonaten 1955 die Brutvögel. In den großen Ferien half Otto ihm bei seiner Arbeit. Er nahm die ganze Familie mit. Tagsüber hielten wir uns im Freien, in der Vogelwärterhütte oder in der Rettungsbake auf, nachts schliefen wir wie an der Ostsee in den Zelten. Die Mutter kochte für alle auf dem Herd in der Hütte. Proviant und Trinkwasser brachte der Fischer Thormählen mit seinem Kutter. Er fuhr auf den Sand auf, so weit es ging, reichte die Kartons nach unten und wir trugen sie durch das Wasser auf die Sandbank. Da es noch flutete, konnte Thormählen, der ein blaues und ein braunes Auge besaß, wieder freikommen und auf Krabbenfang vor Helgoland fahren.

Auf einer Karre mit Gummirädern zogen wir die Pakete und Wasserkanister die weite Strecke bis zur Hütte, unter der die Vorräte verstaut wurden, weil sie dort vor der Sonne geschützt waren. In der Hütte wurde es bei gutem Wetter heiß.

Die Aufgabe des Vogelwärters war es, die Vögel und ihre Nester vor ahnungslosen Besuchern und Eierräubern zu schützen. In späteren Jahren dezimierte der Vogelwärter auf Trischen auch Silbermöwen, die üble Räuber sind, und pflanzte Strandhafer, um die Dünenbildung zu unterstützen. In den achtziger und neunziger Jahren wurde wissenschaftlich gearbeitet, indem die auf der Insel vorkommenden und brütenden Vogelarten festgestellt und ihre Anzahl ermittelt wurden. Trischen ist für Zugvögel und für mausernde Enten und Gänse ein äußerst wichtiges Gebiet.

Otto schrieb ein kleines Buch mit dem Titel „Trischen – Die wandernde Insel", das in der westholsteinischen Verlagsanstalt Boyens & Co in Heide 1957 erschien. So beginnt es:

„Trischen, eine wandernde, nur von Vögeln bewohnte Insel, liegt weit draußen am Außenrande des Watts vor der Dithmarscher Küste. Stehst du in Büsum, dem einzigen Seebad Dithmarschens, oder bei Friedrichs-Koog-Spitze, dem südlichen Ufer der Dithmarscher Bucht, auf dem grünen, von der Seeseite her langsam ansteigenden Deiche, oder gleitet dein Boot in der breiten Elbmündung, immer siehst du am Horizont Trischen wie ein Schiff im Wattenmeer segeln.

Nichts ist hier draußen beständig und ortsfest bis auf die Baken, die von Menschen auf diesen Sanden erbauten Seefahrtszeichen und Rettungshütten. Warnung und Hilfe zugleich sind diese hohen Balkengerüste dem Fischer, denn schon manch ein Boot strandete hier, und mancher Schiffbrüchige konnte sich nur mit Mühe in die Hütte hoch oben in der Bake retten.

Eines Tages müssen aber auch diese Bauten in der Brandung zerbrechen. Der Sand ist unter ihnen hingewandert, und sie, die einst auf der Sandbank standen, sind nun an der Westkante dem Wellenschlag preisgegeben.

Von der großen Unbeständigkeit erzählt auch die Geschichte der Insel Trischen. In der Mitte des vorigen Jahrhunderts (1850) tauchte sie als Sand aus dem Meer auf. Im Laufe von siebzig Jahren wurde Trischen zur bewohnten und landwirtschaftlich genutzten Insel, doch nur zwei Jahrzehnte genügten, aus dem Eiland wieder eine Sandbank werden zu lassen, die dem einzigen großen Gesetz der Sande gehorcht, dem steten Wandern mit Strömung und Wind.

Die Fischerboote von Friedrichskoog gleiten täglich bei ihren Fangfahrten an Trischen vorbei. Sie nehmen dich gern mit und setzen dich dort ab, wenn du die Insel kennenlernen willst. Du benötigst dafür die Erlaubnis der zuständigen Naturschutzbehörde. Nicht ganz einfach ist zwar das Ausbooten nach der etwa einstündigen Fahrt in dem mit Pricken gekennzeichneten Fahrstrom. Du musst schon mit nackten Beinen durchs Wasser waten. Aber schließlich stehst du doch auf dem weiten, weißen Sand, während der Fischkutter hinter dir wieder ablegt. Du winkst noch einmal und bist dann allein mit dir, dem Sand und dem Wasser. Dein Blick gleitet hinüber zu den Dünen in der Ferne, dem Rest des großen Dünengürtels, der einst der Insel und seinem Koog Schutz vor den Fluten bot."

Das Werden und Vergehen. Damals, als wir dort Ferien machten, war Trischen eine mondsichelförmige Sandbank mit Dünen und Rettungsbake im Norden und Dünen und Vogelwärterhütte im Süden. Die Mitte der Plate lag frei zugänglich für jede Sturmflut. Im Westen erstreckte sich der Sandstrand, im Osten gab es Schlick, Spartinagras und das Wattenmeer.

Wir gingen jeden Morgen vor dem Frühstück zum Weststrand, um zu baden. Mit Meerwasser putzten wir uns die Zähne. Die Haare wurden vor dem Zelt gekämmt. Hilke trug einen Knoten auf dem Hinterkopf und mir flocht die Mutter seit Kindheitstagen meinen Rosenkranz. Eine praktische Frisur, weil sie den ganzen Tag hielt.

Im Sommer 1955 besuchten zu Ottos Leidwesen viele Menschen seine Insel. Herr Kümmerle, der seine Nieren mit einer Angoraleibbinde schützte, die er über seiner Hose trug, hatte Ingo mitgebracht. Der junge Mann half ihm bei der Vogelwärterarbeit und hackte das Holz für den Herd, das jeder von uns, wenn er Lust dazu hatte, am Strand sammelte und zur Hütte trug. Außerdem wohnten drei junge Mädchen auf der Bake. Aus welchem Grund sie sich auf Trischen aufhielten, weiß ich nicht mehr. Zwei Paddler kamen von Hamburg. Da Wind und Wellen ungünstig waren, mussten sie ein paar Tage auf der Insel bleiben und konnten nicht so schnell wieder zurückfahren, wie Otto es gern gesehen hätte. Sie zelteten in der Norddüne. Dann zeigte sich auch noch das Segelboot der Zahnarztfamilie Rees aus Marne. Das Boot legte im Osten im Priel des ehemaligen Hafens an.

So bevölkert habe ich die Insel danach nie wieder erlebt.

Wir jungen Leute – zur Familie Rees gehörte der Sohn Hauke, der ungefähr so alt wie Hilke war – rotteten uns zusammen und beschlossen, Herrn Kümmerle in der Nacht zum Narren zu halten. Er war alt, schon etwas seltsam und sprach in diesem schwäbischen Singsang.

„Wo sind denn die Vögel?"

Hilflos hielt er sein Fernglas an die Augen. Hilke und ich mussten uns das Lachen verkneifen. Er forderte es geradezu heraus, Opfer eines Streichs zu werden.

Ingo wurde eingeweiht, blieb aber bei Herrn Kümmerle in der Hütte.

Hilke und ich schlüpften abends wie gewohnt ins Zelt, unsere Eltern auch. Als alles still war, krabbelten wir aus unseren Schlafsäcken und schlichen uns zu den Mädchen und Jungen. Wir teilten uns in drei Gruppen auf, die alle auf verschiedenen Wegen in Richtung Vogelwärterhaus marschierten. Dabei durchquerte eine Gruppe die Seeschwalbenkolonie. Die Seevögel flogen kreischend von ihren Nestern auf. Ein ungeheurer Lärm in der stillen Nacht.

Otto erwachte, fragte sich, was geschehen sei und raste zu Herrn Kümmerle. Als sie die Situation, Menschen in der Kolonie, erkannten, liefen alle drei los: Otto, Herr Kümmerle und Ingo, Letzterer, um uns zu warnen. Otto hatte einen Knüppel in der Hand. Von Weitem hörten wir ihn brüllen. Er hatte keine Ahnung, dass seine eigenen Kinder dabei waren. Verbissen jagte er die Ruhestörer. Otto verfolgte Hauke bis in das Spartinagras, das hart ist und scharfe Kanten hat, an denen man sich schneiden kann.

Hilke und ich machten einen weiten Bogen. Wir liefen zurück zu unserem Zelt. War die Mutter hier oder in der Hütte? Leise legten wir uns auf unsere Gummimatratzen. Das Herz klopfte bis zum Hals. So hatten wir Otto noch nie schreien hören.

Am nächsten Morgen erzählten unsere Eltern von dem unerhörten nächtlichen Vorfall.

„Ihr habt da schon lange geschlafen", sagte die Mutter.

Mit unschuldigen Gesichtern hörten wir zu.

Ingo blinzelte uns an. Er verriet uns nicht.

Die Paddler, Segler und die Mädchen mussten, so schnell es ging, Trischen verlassen.

Hilke und ich sonnten uns noch lange danach im Sand und tobten in den Wellen.

Ich half Otto beim Beringen. Wenn er ein Austernfischerküken erspäht hatte, musste ich darauf zulaufen und es fangen. Das war nicht einfach. Ich musste sprinten, mich zu Boden werfen und gleichzeitig das Vögelchen greifen. Otto beobachtete, wohin das Küken lief, wenn ich es nicht erwischte. Mit einer Spezialzange montierte er einen Aluminiumring um das Bein des Vogels. Dann schrieb er die Nummer, das Datum und den Standort in sein Notizbuch. Er hatte schon früher in Rossitten in Ostpreußen Vögel beringt. Jetzt arbeite er mit der Vogelwarte Helgoland zusammen.

Drei Sommer lang haben wir mit der Familie Urlaub auf Trischen gemacht. Wir konnten baden, lesen und stranden gehen, d.h. am Strand entlanglaufen und im Flutsaum sichten, was angespült worden war: Stämme, Zweige, Kisten, Apfelsinen, Wolle, Flaschen, Balken.

Oft besuchten wir Trischen nur für einen Tag. Wir standen um drei Uhr nachts auf, radelten die 15 Kilometer nach Friedrichskoog, fuhren mit Thormählen zur Insel, wo er uns absetzte. Manchmal haben wir den ganzen Tag Strandhafer gepflanzt. Einmal bin ich mit zum Krabbenfangen unterhalb von Helgoland gefahren. Abends ging es wieder zurück, zuerst mit dem Fischkutter, dann mit dem Fahrrad. Meistens leuchtete mein Gesicht nach diesen Ausflügen am nächsten Tag wie eine Infrarotlampe.

Otto hat jahrzehntelang die wechselnden Vogelwärter eingewiesen und während der Brutzeit ab und an nach dem Rechten gesehen. Meistens lebte der Vogelwärter allein auf Trischen und freute sich über jeden Besuch.

Welf war als Student selbst Vogelwärter auf Trischen und hat Daten für seine Examensarbeit gesammelt. Auch Hartger, Hilkes ältester Sohn, der Landschaftsarchitekt geworden ist, war einen Sommer lang auf der Insel.

Für uns alle war und ist Trischen etwas ganz Besonderes.

10

Als Hilke die Obertertia besuchte, wollten alle Mädchen ihrer Klasse in die Tanzstunde gehen. Hilke selbstverständlich auch. Leider brachte sie eine Fünf in Latein im Zeugnis mit nach Hause. Daraufhin verbot die Mutter die Tanzstunde, obwohl Hilke sonst eine gute Schülerin war. Sie hat mir später erzählt, dass diese Strafe folgenreich für sie gewesen sei. Erstens habe sie dadurch den Anschluss an die Mädchengruppe verloren und habe eine Außenseiterrolle spielen müssen, zweitens habe sie sich auf Festen jahrelang unsicher gefühlt, weil sie glaubte, nicht tanzen zu können. Die Mutter hat wohl nicht überblickt, was sie mit ihrer Maßnahme angerichtet hat.

Mich hat das Tanzstundenverbot sehr beeindruckt. Ich habe mir geschworen, dass mir so etwas nie passieren werde.

Immer die Zensuren bei zwei oder drei halten, dann kriegst du keinen Ärger. Eine Vier ist schon zu gefährlich, weil sie leicht zu einer Fünf werden kann, sagte ich mir. Ich habe mich bis auf einen Ausrutscher in Erdkunde daran gehalten.

Heute wundert mich diese Aufregung wegen der Lateinnote. Die Mutter war nämlich normalerweise gar nicht so. Wenn ich eine Zwei anbrachte, sagte sie zwar oft:

„Und warum ist es keine Eins?"

Dann ärgerte ich mich, aber offensichtlich wollte sie mich nur necken, denn wenn ich einmal eine Arbeit in den Sand gesetzt hatte, tröstete sie mich:

„Mach dir keine Sorgen! Das nächste Mal ist es bestimmt wieder eine Zwei."

Das fand ich immer nett, weil ich sowieso wegen der schlechten Zensur mit mir haderte und eine Aufmunterung gebrauchen konnte.

Wenn es Ärger gab, hatte die Mutter meistens am Anfang mit ihren Vorwürfen recht, aber dann pflegte sie sich in eine Rage zu reden, die weit über das Ziel hinausschoss und an der Sache vorbeiging.

Mein armer kleiner Bruder, er war ein Einzelkind. Als er elf Jahre alt war, lebten Hilke und ich schon in Kiel. Wir beide hatten einander zum Glück in der Meldorfzeit. Wir konnten uns gegenseitig unser Leid klagen, wenn wir uns ungerecht behandelt fühlten.

Hilke musste, was die Erziehungswut meiner Eltern anging, am meisten aushalten. Sie durfte z. B. keine sogenannten Mädchenbücher lesen. Die Elke- und die Nesthäkchenbücher waren tabu. Abends im Bett hat sie sie mit einer Taschenlampe doch heimlich verschlungen.

Bei mir waren meine Eltern schon großzügiger. Ich durfte mir diese Bücher nicht kaufen, aber Ausleihen war erlaubt. Das hat mir bestimmt nicht geschadet. Ansonsten schenkten sie mir Tierbücher. „Doktor Kleinermacher führt Dieter in die Welt" und „Abenteuer in Doktor Kleinermachers Garten" von Herbert Paatz, „Mario und die Tiere" von Waldemar Bonsels, „Die stummen Brüder" von Hermann Thomas und „Zwiesprache mit Tieren", eine Sammlung von Tiergeschichten von Dichtern aus aller Welt. Ich besitze diese Bücher alle noch, aber meistens mache ich heute einen Bogen um solche Texte, weil ich mit ihnen überfüttert worden bin.

Als ich etwas älter war, habe ich mir Theodor Storm, Conrad Ferdinand Meyer, Gottfried Keller, Mörike, Eichendorff und Kleist selbst erobert. Diese Novellen und Romane lese ich immer noch gern. Auch die sogenannten Klassiker habe ich freiwillig gelesen, sodass sie mir durch den Deutsch- und den Englischunterricht nicht mehr verdorben werden konnten.

Das Lesen wurde von meinen Eltern gern gesehen. Wenn ich neben dem Kachelofen sitzend in ein Buch vertieft war und so tat, als ob ich die Aufforderung, den

Abendbrottisch zu decken, nicht gehört hätte, dann sagte die Mutter manchmal:

„Lasst sie nur weiter lesen. Sie hört uns gar nicht. Sie ist jetzt in einer anderen Welt."

Eines Tages, ich war gerade dreizehn Jahre alt geworden, sagte Hilke zu mir:

„Du sollst Mutti danach fragen, wie die Kinder entstehen. Das soll ich dir sagen."

Ich sah Hilke verwundert an und konnte mir keinen Reim darauf machen. Am Nachmittag, als sich die Mutter auf der Couch ausruhte, setzte ich mich gehorsam zu ihr und stellte die Frage, die sie hören wollte. Sie erklärte mir daraufhin den weiblichen Zyklus, den Eisprung, die Einnistung der Eizelle und das Abstoßen der Schleimhaut, die mit einer Blutung verbunden sei. Aufmerksam hörte ich ihr zu. Und dann sagte sie den verhängnisvollen Satz:

„Das mit dem Bluten hat der liebe Gott gut eingerichtet, denn dadurch können wir Frauen Kinder kriegen."

Mir verschlug es die Sprache. Bluten sollte etwas Gutes sein? Da hätte sich der liebe Gott wirklich etwas anderes einfallen lassen können. Blut kam aus einer Wunde. Da war etwas kaputt. Man machte ein Pflaster darauf, damit die Wunde heilen konnte. Ehrlich gesagt, ich war über den Ausspruch der Mutter entsetzt. Von diesem Tag an glaubte ich ihr nicht mehr alles bedingungslos, sondern überprüfte das, was sie sagte, auf den Wahrheitsgehalt. Wer einen solchen Unsinn von sich gab, dem konnte ich nicht trauen.

Ich fing ich an, mich innerlich von meiner Mutter zu lösen.

In der Untersekunda wurden wir im Biologieunterricht aufgeklärt. Ein halbes Jahr lang wurden Jungen und Mädchen in diesem Fach getrennt unterwiesen. Wieder wurden wir über den weiblichen Zyklus, über Schwangerschaft und Geburt informiert. Wie ein Junge funktioniert, welche Rolle der Mann bei der Zeugung spielt, wurde uns Mädchen nicht gesagt. Bis ich geheiratet habe, wusste ich nicht, dass ich nichts wusste.

Drei Jahre lang habe ich die Menstruation ignoriert. Ich habe trotzdem geturnt, ich wollte doch nicht auf dieser Armesünderbank sitzen und den anderen zuschauen, ich fand die dort Sitzenden wie gezeichnet, ich bin baden gegangen und habe mich den Teufel was um meine körperliche Beschaffenheit gekümmert.

Dann war meine Abwehr auf einmal vorbei. Warum das so war, weiß ich nicht. Mit Hilke oder einer Freundin habe ich das Problem jedenfalls nicht besprochen. Das habe ich irgendwie mit mir selbst ausgemacht.

11

Die Mutter, eine Großstädterin mit einem ausgeprägten Sinn für gediegene Kleidung, mochte nicht in Meldorf einkaufen. Ihr war die Auswahl an Hosen, Röcken und Kleidern zu gering. Aus einem Geschäft wieder zu gehen, ohne zu kaufen, mochte sie auch nicht, weil in einer Kleinstadt jeder jeden kennt. Außerdem war in den Fünfzigerjahren das Stadt-Land-Gefälle in der Mode noch groß.

Die Mönckebeckstraße in Hamburg war für sie die einzige Adresse, bei der sie das Gewünschte für sich und ihre Familie fand.

Zuerst überlegte sie mit mir zusammen, ob ich Schuhe, einen Anorak oder einen neuen Pullover brauchte. Das musste gut bedacht sein, die Eltern besaßen nicht viel Geld. Wenn wir das Einkaufprogramm festgelegt hatten, reiste sie mit mir – sie fuhr mit uns Kindern jeweils einzeln – für einen Tag nach Hamburg. Dafür schwänzte ich in der Schule mit einem Entschuldigungsschreiben der Mutter. In den Kaufhäusern in Hamburg angekommen, konnte ich mir die schönsten Sachen aussuchen. Dann guckte sie nicht auf den Pfennig, sondern auf Qualität. So kauften wir wirklich das, was uns gefiel. Ich hatte nur das Allernotwendigste zum Anziehen, aber das, was ich hatte, fand ich todschick. Nach dem Einkaufen gingen wir essen, was damals nur bei diesem Anlass geschah.

Wie oft hat die Mutter gesagt, sie brauche keinen neuen Rock! Zuerst sollten wir Kinder etwas zum Anziehen bekommen. Als es meinen Eltern später finanziell besser ging, hat auch sie sich gern ein schönes Kleid gegönnt.

Bevor wir wieder in den Zug in Richtung Meldorf stiegen, besuchten wir jedes Mal die Schwester der Mutter in Altona, Tante Dedi. Ich führte meine neuen Sachen vor und sie wurden gebührend bewundert. Dasselbe wiederholte sich, wenn wir nach Hause kamen. Alle neu gekauften Kleider wurden von der Familie zur Kenntnis genommen und begutachtet. Ein Einkauf in Hamburg war ein Ereignis!

In den späten fünfziger Jahren bereitete sich Otto auf seine Realschullehrerprüfung vor. Zuerst machte er sein Examen in Biologie, sein Lieblingsfach, dann in Geografie. Er hörte deswegen nicht etwa auf, in der Schule zu unterrichten, sondern paukte neben seiner normalen Arbeit nachmittags und abends. Lediglich zwei Wochen Intensivkurs in jedem Fach wurden als Lernhilfe an der Kieler Universität angeboten. Ich besitze den Diercke-Atlas noch, mit dem er sich damals den Stoff aneignete. Afrika war sein Spezialgebiet.

In Meldorf gab es zunächst eine Aufbauschule in der Rosenstraße, die später in eine Mittelschule umgewandelt wurde. Die Kollegen wählten Otto, den fleißigen und kompetenten, immer auf Ausgleich bedachten Pädagogen zum Konrektor. Die letzten zehn Jahre seines Berufslebens war er Realschuldirektor in Burg in Dithmarschen. Meine Eltern wohnten weiterhin in ihrem Backsteinhaus in Meldorf. Otto fuhr jeden Tag mit dem Auto zur Arbeit. Obwohl es üblich war, dass ein Schulleiter vor Ort wohnte, war der Burger Bürgermeister damit einverstanden.

Otto war schon mehrere Jahre Pensionär, da sagte er eines Tages zu mir:

„Uta, ich weiß nicht, ob es richtig gewesen ist, Schulleiter zu werden. Man ist verdammt einsam auf so einem Posten."

Ich sah ihn erstaunt an. Hatte er sich als Direktor überfordert gefühlt? Seine Stärke war es, zwischen Streitenden zu vermitteln. War das Führen gegen seine Natur gewesen? Oder ist jeder in einer leitenden Funktion einsam? Ich glaube heute, Letzteres war der Fall. Leider habe ich ihm vor Überraschung nicht geantwortet.

Otto wurde zum Realschuldirektor gewählt, obwohl er in keiner Partei und nicht einmal in der Kirche Mitglied war. Unabhängig voneinander waren meine Eltern während des Dritten Reiches aus der Kirche ausgetreten. Weil dies aus Überzeugung geschah, suchten sie nach Ende des

Krieges nicht wieder die Nähe der evangelischen Kirche. Sie bezeichneten sich als gottgläubig.

Hilke, Welf und ich sind nicht getauft, wir durften nicht am Religionsunterricht teilnehmen. Das gefiel mir in den ersten vier Schuljahren gar nicht. Fräulein Schaper erzählte spannende Geschichten vom barmherzigen Samariter und dem heiligen Christopherus. Ich hätte gern zugehört. Manchmal hat sie für mich die Legenden kurz zusammengefasst, wenn sie den Stoff im Deutschunterricht weiter verwenden wollte. Zusammen mit Sigrid, einem katholischen Mädchen, vertrödelten wir die Religionsstunde in irgendeinem Klassenzimmer, dass gerade leer stand.

Uta und Hilke Franck und Welf Meier

Im Kirchenkinderchor hätte ich auch gern mitgesungen, aber meine Eltern erlaubten es nicht. Sie befürchteten eine Beeinflussung. Als mein Deutschlehrer in der Quarta bemerkte, dass ich das Vaterunser nicht kannte, sagte er entrüstet:

„Das gehört zur Allgemeinbildung. Das kann ich nicht zulassen. In zwei Tagen kannst du das Gebet auswendig und sagst es vor der Klasse auf."

Meine Eltern haben gegen diese Maßnahme nicht protestiert. Ich glaube sogar, dass die Mutter einverstanden war, weil sie die Frömmigkeit liebte, die im Vaterunser ihren Ausdruck findet. Ich jedenfalls bin Herrn Däumler noch heute dankbar, dass er meine Bildungslücke erkannt hat. In der Oberstufe habe ich am Religionsunterricht teilgenommen.

Als Hilke ins Konfirmationsalter kam, suchten meine Eltern Anschluss an die Deutschen Unitarier und sorgten dafür, dass sie – und ich gleich mit – eine religiöse Unterweisung erhielt.

Dr. Eberhard Achterberg lehrte uns in St. Michaelisdonn, einem Ort in der Nähe Meldorfs, was Unitarier glauben. Ich zitiere aus seinem Buch „Die Kraft, die uns trägt".

„Religion des Einsseins – 1973 – Gott ist das Sein und das Sein ist Gott – das ist die Grundoffenbarung einer dogmenfreien, einer natürlichen Religion; das ist die befreiende, freimachende Erfahrung eines Glaubens, der mutig neue Wege geht; das ist die ursprüngliche und unmittelbare Begegnung mit dem Göttlichen in seiner Allgegenwart. Jedem Suchenden kann sie zuteilwerden, wenn er in innerer Bereitschaft für eine solche Begegnung offen ist.

– 1983 – Diese All-Einheit ist geworden, wird getragen von einer Kraft, die ich göttlich nenne, weil sie allmächtig, unermesslich und geheimnisvoll ist. Sie ist das Heilige.

Alles Geschehen ist Werden und alles Geschehen ist auch Vergehen, aber es gibt kein Werden aus dem Nichts und es gibt kein Vergehen aus dem Nichts, sondern alles vollzieht sich wieder und wieder im Kreis des Alls, im Urgrund des Seins."

Dr. Achterberg informierte uns über die Unitarier und über die Weltreligionen: das Christentum, den Islam, den Buddhismus, den Shintoismus und den Hinduismus. Er hatte Religionswissenschaft studiert.

Das Wort „Unitarier" kommt von dem lateinischen „unitas", das Einheit bedeutet. Unitarier sind also Anhänger eines „Einheitsglaubens". Diese Bezeichnung entstand in der Reformationszeit als religiöser Begriff für „Antitrinitarier", das heißt Gegner der christlichen Glaubenslehre von der Dreieinigkeit Gottvater, Sohn und Heiliger Geist. Unitarier bedeutet also zunächst „gläubig an einen einzigen Gott" und bezeichnete eine besondere Gottesauffassung im Rahmen der christlichen Glaubenswelt um 1600.

Die Religionsgemeinschaft „Deutsche Unitarier" entstand aus verschiedenen Gruppierungen, einerseits aus den „Freien Protestanten" unter dem Pfarrer Rudolf Walbaum in Rheinhessen, andererseits aus der Gemeinschaft der „Gottgläubigen in Dithmarschen" und aus den „Gottgläubigen in Kassel". Erst in den Jahren nach 1947 entwickelten sich die Leitgedanken der inzwischen bundesweit vertretenen Religionsgemeinschaft.

Hilke, Welf und ich erhielten jeweils mit 15 Jahren die Jugendleite. Das ist eine Art Ersatzfeier für die Konfirmation.

Ich habe Dr. Achterberg wegen seines Wissens sehr verehrt. Er hatte starkes Asthma und musste sich oft mit einer Pumpe Luft in die Lunge drücken. Ich habe viel von ihm gelernt, aber ich bin als Erwachsene nie Mitglied bei den Unitariern geworden. Als ich älter wurde, stellte ich fest, dass viele ehemalige Nazis zu dieser Religionsgemeinschaft gehörten. Das stieß mich ab. Meine Vorstellungen vom Göttlichen aber sind von Dr. Achterberg beeinflusst. Was ich glaube, macht am besten folgender altindischer Spruch deutlich.

Gott schläft im Stein,
atmet in der Pflanze,
träumt im Tier
und erwacht im Menschen.

Der Glaube der Unitarier hat Ähnlichkeit mit dem Pantheismus Goethes und mit den Lehren der Mystiker aller Religionen. Es gibt kein heiliges Buch und keine Dogmen.

12

In der Quarta wurden Heide Schröder und ich Freundinnen. Ich kannte sie schon lange vom Sehen, aber wir waren bisher immer in verschiedene Klassen gegangen. Sie wohnte in der Klosterstraße und hatte einen zwei Jahre älteren Bruder Jochen. Ihr Vater arbeitete im Büro bei Jebens in der Windmühle, in der Korn gemahlen wurde. Bei Schröders wurde zu Hause Plattdeutsch gesprochen. In der damaligen Zeit sah man es eher als einen Makel an, wenn sich einer nicht auf Hochdeutsch ausdrückte. Ich konnte und kann Plattdeutsch verstehen, habe aber trotz Heide leider nie gelernt, es selber zu sprechen.

Jochen spielte Geige und Heide Gitarre. Sie konnte nicht nur Akkorde greifen, also Lieder begleiten, sondern auch Melodien spielen. Ich wollte schrecklich gern Gitarre lernen. Bei meiner Mutter stieß mein Wunsch auf wenig Gegenliebe.

„Du hast schon Klavierunterricht und du bist so viel wegen des Sports unterwegs. Ich bin nicht damit einverstanden."

Auch die Tatsache, dass ich genug Geld gespart hatte und mir selbst eine Gitarre kaufen konnte, überzeugte sie nicht.

Doch ich war hartnäckig. Ich lieh mir von einem Jungen eine Gitarre aus und meldete mich bei einem Wochenendlehrgang an, der wie der Religionsunterricht in St. Michaelisdonn stattfand. Dort lernten wir Anfänger die Griffe D-Dur, A7 und G-Dur. Damit kann man ein einfach komponiertes Wander- oder Volkslied begleiten.

Wir übten „Die grauen Nebel hat das Licht durchdrungen". Nach Hause zurückgekehrt, spielte und sang ich dieses Lied der Mutter vor. Sie war ehrlich beeindruckt und ich durfte mir endlich von meinem Geld ein Instrument kaufen. Die Wandergitarre kostete DM 60,–.

Das Spielen brachte ich mir weitgehend allein bei, absolvierte aber noch zusätzlich zwei weitere Gitarrenkurse.

Viele Griffe zeigte mir Heide. Wenn sie oder ich ein neues Lied kennengelernt hatten, brachten wir es uns gegenseitig bei, diktierten uns den Text und suchten die Akkorde auf der Gitarre dazu. Dabei war die Theorie, die ich im Klavierunterricht gelernt hatte, sehr hilfreich: Tonika, Dominante, Subdominante, Dominantseptimakkord, parallele Molltonart usw. Das Herumprobieren nach dem Gehör brachte riesigen Spaß. Am Klavier musste ich immer starr von den Noten abspielen.

Heide und ich konnten viele Liedtexte auswendig, sodass wir zwei Stunden lang ununterbrochen singen konnten, was wir manchmal auf Autofahrten auch taten, um uns die Zeit zu vertreiben. Meine Schul- und Studentenzeit über hat mich meine Gitarre auf allen Reisen begleitet. Dann ist das Gitarrenspielen über Kindern, Haushalt und Beruf leider in Vergessenheit geraten.

Anders ist es mit dem Klavier. In besonderen Augenblicken setze ich mich immer noch an das Instrument, spiele und freue mich, dass ich es kann.

Um unsere musikalische Erziehung zu fördern, schenkten meine Eltern Hilke und mir von der Quarta an bis zum Ende der Schulzeit ein Abonnement für Konzerte in Heide, Sperrsitz selbstverständlich. Abends fuhr ein Extrabus vom Meldorfer Marktplatz mit den Konzertbesuchern in die Kreisstadt Norderdithmarschens und brachte uns auch wieder zurück.

Anfangs wurden mir die Konzerte lang und ich hoffte auf das Ende eines Stückes, aber das legte sich rasch und ich lernte, die Musik zu genießen. Wir hörten damals berühmte Künstler wie Erna Berger (Sängerin), Gerald Souzay (Sänger), die Brüder Kontarsky, die auf zwei Klavieren spielten, Aurele Nicolet (Querflöte), Agnes Miegel (Sängerin), die Hamburger Symphoniker und viele andere.

Auf der Heimfahrt entwarf ich im Geist eine Kritik und verglich sie am nächsten Tag mit dem, was in der Dithmarscher Landeszeitung stand. Wenn der Journalist derselben Meinung war wie ich, freute ich mich.

Zu der Freundschaft mit Heide gehörte nicht nur die Musik. Wir waren beide gute Sportlerinnen. Wenn zwei Mannschaften für Volleyball oder Korbball aufgestellt werden mussten, wählte Heide die eine und ich die andere aus. Heide war im Geräteturnen etwas besser, ich in der Leichtathletik. Als in der vierten Klasse zum ersten Mal Weitsprung auf dem Plan stand, sprang ich gleich drei Meter weit. So war es auch mit den anderen Übungen. Die guten Leistungen fielen mir zu und so fing ich an zu trainieren, um mich zu verbessern. Faust-, Korb- und Volleyball waren meine bevorzugten Mannschaftsspiele. Immer waren Heide und ich dabei, wenn alljährlich im Herbst und im Frühling Wettspiele ausgetragen wurden, an denen sich alle Klassen der Schule beteiligten. Mehrere Jahre lang trugen die Mädchen unseres Jahrgangs die Siegestrophäe nach Hause.

Heide und ich traten in den Turnverein ein. Die Mutter war dagegen, den Grund habe ich nie wirklich verstanden. Wir trainierten drei Mal in der Woche abends. Entweder waren wir in der Turnhalle oder auf dem Sportplatz. Wir nahmen an Wettkämpfen teil. Manchmal fuhren wir mit dem Fahrrad in eines der Dörfer in der Nähe, mischten uns zwischen die Wettkämpfer, räumten die Preise ab, machten den Umzug durchs Dorf mit und tanzten abends auf dem Dorfball mit den Bauernburschen.

Ich habe unter meinem Bücherbord im Schlafzimmer einen roten Holzkasten voll von Lorbeerkränzen, die die Aufschrift tragen: „Für deinen Sieg". Darunter liegen Ehrenurkunden, Siegerurkunden, Nadeln, Plaketten und das silberne Sportabzeichen.

Einmal im Sommer und einmal im Winter durften jeweils der und die Beste eines Jahrgangs an den Kreisjugendwettspielen teilnehmen. Bei diesen Spielen lernte ich das Zwillingspaar Silke und Ute Grothusen kennen, die auf einem Bauernhof im Kaiser-Wilhelm-Koog lebten. Regelmäßig teilten wir uns die ersten drei Plätze, jedes Mal in einer anderen Reihenfolge. Die beiden haben mich eines Tages auf den Bauernhof ihrer Eltern eingeladen. Wettkampf führte nicht zu Feindschaft, sondern zu Freundschaft.

Im Jahr 1958 bin ich bei dem deutschen Turnfest in München dabei gewesen. An die Wettspiele erinnere ich mich weniger, dafür aber beeindruckte mich umso mehr die Ansprache von Theodor Heuß in einer riesigen Sportarena. Wir übernachteten auf Matratzen in einer Schule. An einem Abend haben wir das Münchner Hofbräuhaus besucht und ich habe den ersten Liter Bier meines Lebens getrunken.

Alkohol war für uns Leichtathleten natürlich tabu. Ich trank aus Gesundheitsgründen nicht einmal Bohnenkaffee. Erst bei unseren privaten Feiern nach dem Abitur – das dauerte ein Vierteljahr lang – habe ich verschiedene alkoholische Getränke mit Vergnügen ausprobiert.

Der Sport war wichtig für mich, auf dem Sportplatz lernte ich die guten Sportlerinnen aus den anderen Klassen meiner Schule kennen, die zum Teil ebenfalls zum Turnverein Tura Meldorf gehörten. So gut werden wie die Mutter, das war mein Traum. Dann aber diagnostizierte ein Arzt bei mir einen Herzmuskelschaden, den ich bestimmt nie gehabt habe. Meine Herzschmerzen waren Liebeskummer, davon bin ich überzeugt. Doch nun traute ich mir ein Sportstudium nicht mehr zu.

Inzwischen gab es auch noch einen anderen Grund, Sport nicht zu wählen. Unter den Spitzensportlerinnen meiner Schule gab es zwei Mädchen, die waren derart ehrgeizig, dass es für sie nur das Training, ein kleines bisschen weiter oder höher springen, ein kleines bisschen schneller laufen, ein kleines bisschen weiter werfen gab. Das war so abstoßend, dass ich mir sagte, dass ich mit derart fanatischen Menschen nicht zusammenkommen wollte.

Selbstverständlich ging es auch mir ums Gewinnen, aber es blieb für mich ein Spiel, atmete eine gewisse Leichtigkeit. Mal gelang es, mal eben nicht. Teilnehmen war alles, die alte olympische Devise. Überhaupt dabei zu sein war wichtig.

Noch heute bin ich stolz darauf, dass ich meine ganze Schulzeit hindurch in Sport und Musik eine Eins auf dem Zeugnis hatte. Doch auch aus der Musik habe ich keinen Beruf gemacht. Dazu war sie mir zu kostbar.

Heide und mich verband eine tiefe Freundschaft, verstärkt durch die Liebe zu beiden Bereichen. Bei den Fahrten nach Trischen war sie oft dabei und sonntags gingen wir häufig am Deich spazieren und redeten ununterbrochen. Gerade bei Liebeskummer war eine gute Freundin lebenswichtig. Nach unseren langen Wanderungen wärmten wir uns in dem Lokal Dithmarscher Bucht auf und tranken einen Grog, den wir uns sozusagen aus medizinischen Gründen zugestanden.

Außer Heide gab es im Laufe meines Schullebens noch andere Freundinnen, aber dieses Miteinander bedeutete mir nicht so viel wie das Zusammensein mit ihr. Während der Quarta bildete sich eine Sechser-Clique, zu der auch Heide und ich gehörten. Wir standen auf dem Schulhof zusammen und erzählten uns aufregende Neuigkeiten, wie das pubertierende Mädchen zu tun pflegen.

Beim Faschingsfest 1957 führten wir „Das Kräutlein in der Hühnerbrühe" auf. Birgit, die Pfarrerstochter aus Burg, hatte das Büchlein mitgebracht.

Tante Minchen (Anke Niemann aus Nordhastedt) kocht für ihre Gäste eine Suppe mit einem Kraut, das die vier alten Damen (Charlotte, Birgit, Brigitte und mich) dazu bringt, laut zu sagen, was sie denken. Tante Minchen erlebt eine Überraschung, als ihre lieben Freundinnen auf einmal wie die Geier über sie, ihre Wohnungseinrichtung, ja, auch über ihr Dienstmädchen herziehen. Wir jungen Alten sahen mit Lorgnon, Kompotthut und Schleifchen entzückend aus. Anke streckt den Kopf und wendet sich zuckersüß an ihre Tischnachbarin. Noch haben ihre Besucherinnen nicht von der Suppe gekostet. Aber dann geht es los. Heide spielt das Dienstmädchen. Fragend steht sie mit ihren Affenschaukeln und einer weißen Schürze vor Tante Minchen.

„Augen und Ohren schließt euch zu, gebt mir für eine Weile Ruh", seufzt die alte Frau am Ende des Stückes. Wir ernteten viel Beifall für unseren Sketch.

Eine von uns sechsen war Charlotte Iversen.

Sie wohnte in der Klaus-Groth-Straße, die in die Theodor-Storm-Straße einmündet. Wir hatten schon immer miteinander gespielt, Prellball, Völkerball und Blockflöte, und waren Rollschuh auf den Betonstraßen der Östersiedlung gefahren. Erst in der Quarta kam sie in meine Klasse und verließ sie Ende Untertertia schon wieder, um in die Mittelschule zu gehen.

Charlotte fällt mir ein, wenn heutzutage die großen Familien früherer Zeiten verherrlicht werden. Dass sich dort alles von allein geregelt habe! Ich weiß, dass Charlotte als älteste Tochter – insgesamt waren sie sechs Kinder – ihrer Mutter viel helfen musste und dass sie im Alter von 14 Jahren anfing zu kümmern. Vielleicht hätten ihre Eltern etwas unternehmen können. Ich glaube aber, ihnen fehlte die Zeit, sich besonders um Charlotte zu bemühen. Wir in unserer Clique fanden sie auch seltsam und haben sie manchmal ausgegrenzt. Ich habe ein diffus schlechtes Gewissen, wenn ich an sie denke. „Schlotte" habe ich zu ihr gesagt. Sie legte Wert darauf, dass ich sie mit diesem Kosenamen anredete.

War es vor der Abschlussprüfung in der Mittelschule oder der Gillmeisterschule in Heide – dort wurde sie zur medizinisch-technischen Assistentin ausgebildet –, dass sie plötzlich davonlief? Sie ist nach Amerika ausgerissen und hat dort später einen Physiker geheiratet. Noch keine dreißig Jahre alt ist sie an Krebs gestorben. Kinder hat sie nicht hinterlassen.

Anke Niemann, die Auswärtige aus Nordhastedt, mit der ich schon seit der Sexta befreundet war, lebt auch nicht mehr. Wie schon erwähnt ist sie als Studentin zusammen mit ihrer Schwester bei einem Verkehrsunfall ums Leben gekommen.

Birgit Groß wurde ebenfalls in der Quarta Schülerin meiner Klasse. Sie war das Gegenteil von Charlotte, groß, braunäugig, nicht besonders schlank, aber außerordentlich attraktiv. Alle Jungen renkten sich die Hälse nach ihr aus. Ihr Vater war als Pastor nach Burg versetzt worden, sie war also Fahrschülerin. Wenn sie Klavierstunde bei Frau Ansorge hatte, aß sie mittags bei uns. Die Mutter war sehr gastfreundlich und freute sich, wenn wir Kinder unsere Freunde oder Freundinnen mitbrachten. Obwohl unser Haus nicht groß war, wohnte Birgit mehrere Wochen bei uns, als ihre Mutter das siebente Kind gebären sollte.

„Wann Birgit Hausaufgaben macht, weiß ich wirklich nicht", wunderte sich die Mutter. Ich beruhigte sie:

„Birgit kommt auch, ohne gearbeitet zu haben, durch den Vormittag."

Viele Jungen waren ernsthaft in Birgit verliebt. Während der Zeit bei uns erlebte sie den ersten Kuss ihres Lebens. Der älteste Sohn unserer Klavierlehrerin hatte sie doch tatsächlich auf den Mund geküsst! Aufregend, auch für mich. Tagelang wusch sie ihre Lippen nicht.

Sie zog Ende Untersekunda nach Hamburg, wo Heide und ich sie ein paar Mal besucht haben.

Brigitte Fox und ich waren schon in der Grundschule in eine Klasse gegangen. Sie lebte zusammen mit ihrer Schwester bei ihrer Großmutter. Ich empfand sie als etwas überspannt. Als sie in der Oberstufe den sprachlichen Zweig wählte, habe ich sie aus den Augen verloren.

Mir war die Entscheidung für den mathematischen Zweig schwergefallen, ich mochte Latein gern, aber im sprachlichen Zug hätte ich weiterhin Französisch lernen müssen. In diesem Fach hatten wir eine ausgesprochen strenge Lehrerin, Fräulein Söderberg, die alle in der Klasse mit ihrem Tempo überforderte. In meiner Erinnerung habe ich in der Obertertia und Untersekunda nur für Französisch, die dritte Fremdsprache, Schularbeiten gemacht. Alle anderen Fächer liefen unauffällig nebenher.

Mein Tagesablauf sah in den letzten fünf Schuljahren folgendermaßen aus:

von 07.50 Uhr bis 13.10 Uhr Unterricht,
Mittagessen mit der ganzen Familie
von 13.30 Uhr bis 14.00 Uhr,
dann eine Stunde lang die Küche reinigen,
dann eine Stunde lang Klavier üben.

War das alles erledigt, war es bereits 16.00 Uhr. Nun musste ich mich mit den Hausaufgaben beeilen, denn um 18.00 Uhr, spätestens um 19.00 Uhr wollte ich beim Sport sein. Wenn die Mutter mich ab und an in meinen Aktivitäten bremste, kann ich sie heute verstehen.

Sorgen machte ihr auch, dass ich ziemlich regelmäßig im Frühjahr und Herbst an Angina erkrankte. Der Hausarzt Dr. Behrends kam, hörte mich ab, ob ich auch ja keine Lungenentzündung hatte, verschrieb Novalgin Chinin, und nach zwei Wochen war ich wieder gesund.

Mit 17 Jahren ging ich wegen Herzschmerzen zum Internisten, der schickte mich zum HNO-Arzt. Dieser sah mich entsetzt an, weil meine Mandeln vollkommen zerklüftet waren. Ich musste operiert werden. Danach bin ich viele Jahre lang von Erkältungen verschont geblieben.

13

Ich habe das Schlittschuhfahren noch nicht erwähnt. Skifahren war bei uns im Flachland unbekannt, aber wenn es im Winter anfing zu frieren, holten wir unsere Schlittschuhe hervor, die wir mit einem Hohlschlüssel an die Stiefel schraubten.

Zuerst hielt das Eis auf der überfluteten Wiese nahe der Miele, es trafen sich immer dieselben Jugendlichen auf dem Eis, dann war der Ziegeleiteich fest genug gefroren, der meistens eine besonders gute Eisfläche besaß. Die Jungen spielten Eishockey. Ich zog meine Kreise und manchmal jagten wir uns beim Mützenklauen.

Das Zufrieren der Miele ermöglichte die dritte Stufe des Eisvergnügens. Wegen des Tidenhubs zerbrach das Eis am Rand zu Schollen, aber in der Mitte war es klar und fest. Kilometerweit konnten wir nun durch die Landschaft fahren. Das war unbeschreiblich schön.

An Frosttagen kam ich immer erst bei Dunkelheit nach Hause, musste schnell noch die Küche machen und dann mehr schlecht als recht die Schularbeiten.

Einmal hatten wir uns am Vormittag in der Schule zu einer Mondscheinschlittschuhfahrt auf der Miele verabredet. Nachmittags setzte Tauwetter ein, die Mutter erlaubte mir, nur noch auf der überfluteten Wiese zu fahren. Ich hielt mich nicht an diese Anweisung und verbrachte einen herrlichen Abend auf dem verbotenen Eis. Als ich an Land gehen wollte, sackte ich mit dem linken Fuß tief ein. Meine Skihose war nass bis zum Knie. Zu Hause ging ich zuerst in die Waschküche, zog meine Schuhe und nassen Hosen aus und zeigte mich in Unterhosen bei meinen Eltern in der Wohnstube.

„Na, bist du eingebrochen?", grinste die Mutter.

Ich hatte ein Donnerwetter befürchtet, aber sie lachte nur, wieder einmal das Gegenteil vom Erwarteten.

In einem Winter herrschte einmal wochenlang Vater Frost, sodass sogar das Salzwasser im Hafen gefror. Riesige Schollen türmten sich am Rand des Prieles. Der Tidenhub betrug 3,50 m im Meldorfer Hafen. Ich bin damals wirklich leichtsinnig gewesen. Allein fuhr ich mit meinen Schlittschuhen auf der Miele bis zum Hafen, kletterte über den Deich und zwängte mich durch die Schollen bis auf die glatte Eisfläche des Prieles. Weit, weit bin ich hinausgefahren. Das Eis sang unter dem Druck meiner gleitenden Schlittschuhe. Ich habe das dreißig Jahre später in einem Gedicht festgehalten.

Tödliche Landschaft
Kilometerweit
tragen
die Schlittschuh
hinaus ins Freie

Das Gleiten
hallt wider
in der Tiefe des Meeres
lautloses Tosen

Risse laufen
durchs zitternde Eis
Schollen krachen
zerbersten die Stille

Unter meinen Füßen
singt
die Nordsee
ihr Requiem

Plötzlich wurden mir die Einsamkeit und Kälte, ja die Gefährlichkeit der Eislandschaft bewusst. Nirgendwo ein Mensch. Vollkommen allein. Keiner wusste, wo ich war. Ich drehte um. Auf dem Rückweg hatte ich Angst um mein Leben.

14

Beim Schlittschuhfahren auf dem Ziegeleiteich fiel mir ein Junge mit einer Pudelmütze auf. Er ging in dieselbe Schule wie ich, wohnte im Grenzweg und fuhr morgens mit dem Fahrrad zum Unterricht. Er wirkte stolz und unnahbar.

Eines Tages unterhielten sich meine Eltern über diesen Gerd Dombrowsky. Sein Vater sei im Krieg gefallen und seine Mutter, die mit den Kindern aus Ostpreußen geflohen und wie wir Unitarierin war, sei an Brustkrebs gestorben. Gerd und sein Bruder Wolf waren nun Waisen.

Die Beiden lebten nach dem Tod ihrer Mutter im Grenzweg bei ihren Großeltern, die schon über neunzig Jahre alt waren. Zu ihrem Vormund wurde der Kämmerer Paikowsky unserer Stadt bestimmt. Wolf war ein schwieriger Junge.

Eines Abends klingelte Gerd verzweifelt bei meinen Eltern. Sein Vormund hatte ihn mit einer Hundepeitsche geschlagen. Ich weiß nicht, ob Otto etwas bei Gerds Vormund bewirken konnte, auf jeden Fall luden ihn meine Eltern von nun an oft zum Essen ein. Das war meistens sehr nett, aber Gerd wusste nicht, wann er wieder nach Hause gehen musste. Er blieb so lange, bis er störte. Ihm fehlte eine Mutter, die ihm einen Hinweis auf gutes Benehmen hätte geben können. Auf jeden Fall war er so häufig bei uns zu Hause, dass ich beinahe das Gefühl hatte, einen großen Bruder zu haben. Am zweiten Weihnachtstag waren Gerd und Wolf immer beim Gänsebratenessen dabei.

Wenn ich Gerd auf einem Fest traf, tanzte er einmal mit mir. Ansonsten hockte er an der Theke. Ob er wenig oder viel trank, weiß ich nicht. Auf jeden Fall traute er sich nicht mit anderen Mädchen auf die Tanzfläche. Oft hat er mich am Ende einer Veranstaltung nach Hause begleitet.

Gerd war ein ausgesprochen guter Schüler und studierte später Germanistik und Geschichte in Hamburg.

Einmal besuchte er uns gerade an dem Tag, an dem Hilke zwanzig wurde. Er setzte sich zu den jungen Mädchen und brillierte mit dummen Bemerkungen. Er hatte einfach kein Gefühl dafür, wann er willkommen war und wann nicht. Ich war nicht anwesend, mir ist nur alles erzählt worden. Die Situation muss sich so zugespitzt haben, dass ihn Otto an diesem Tag aus dem Haus geworfen hat. Von da an wurde er nie wieder in der Theodor-Storm-Straße 32 gesehen.

Von mir wurde erwartet, dass ich mich der Verdammung von Gerd anschloss. Ich widersprach.

„Ich bin nicht dabei gewesen. Gerd gehört doch schon so lange zu unserer Familie."

Ich blieb in Verbindung mit ihm. Von nun an lud er mich ins Domcafé ein, wenn er mit mir sprechen wollte. Dann erzählte er ausnahmslos von sich. Am Mittagstisch berichtete ich, was ich von ihm Neues wusste. Alle hörten mir eifrig zu. Alle interessierten sich noch für ihn.

Leider sprach er zu lange und zu ausgiebig von sich selbst. Er strapazierte meine Geduld. Ich hatte Mitleid mit ihm, aber manchmal waren seine Monologe wirklich des Guten zu viel. Außerdem tat er so, als sei ich ein kleines dummes Mädchen und er der große Wissende. Das fand ich ziemlich arrogant. Er war nur drei Jahre älter als ich.

Schon bald fing er an zu studieren, da war es dann spannend, ihm zuzuhören. Ich war begierig, etwas über diesen neuen Abschnitt des Lebens zu erfahren.

Er pflegte am Zaun des Schulhofes zu warten. Einmal fragte ihn Direktor Reiche, sein ehemaliger Deutschlehrer, was er da wolle. Der Schulleiter war gar nicht erbaut davon, dass er eine seiner Schülerinnen treffen wollte, aber er konnte ihm nicht verbieten, außerhalb des Schulgeländes zu stehen.

Gerd schenkte mir das Fischer-Taschenbuch „Das war Scaramouche", Abenteuer eines Erzschelmes, von Justus Franz Wittkop mit folgender Widmung:

„Als kleine Hilfe zur Bewältigung der großen Entscheidungen des 20. Lebensjahres – zum 15. November. Gerd".

15

Die Meldorfer Gelehrtenschule war eine sogenannte musische Schule. Der geniale Musiklehrer Lohse arbeitete mit dem Dichter Martin Luserke zusammen, der seinen Lebensabend in Meldorf verbrachte.

Zusammen bewirkten sie, dass unsere Schule durch ihr Laienspiel ein kultureller Mittelpunkt wurde. In der Nachkriegszeit konnten Schulen in einer Kleinstadt diese Bedeutung erlangen.

Manchmal lud Luserke, damals bereits uralt, zu seinen Spökenkiekereien vom Klabautermann und seiner Krake (ein Schiff) ein. Er verlor bei seinen Spinnereien manchmal den Faden, was mich, jung wie ich war, ärgerte, ich wollte die Geschichte bis zum Ende hören.

Das Wirken von Luserke und Lohse hatte noch eine andere Folge. Sie riefen in Schloss Nehmten am Plöner See eine musische Tagung für musikbegeisterte Schüler und Schülerinnen Schleswig-Holsteins ins Leben. Als Unter- und Oberprimanerin habe ich daran teilgenommen. Damals wurde der Ferienkurs schon von dem Musiklehrer Pabel aus Bad Oldesloe geleitet. Wir konnten unser Tagesprogramm für zehn Tage allein bestimmen, konnten zwischen Orchester, Kammermusik, Chor, Contratanz und Faxen wählen. Ein selbstbestimmtes Leben. Selber aussuchen zu dürfen, was ich den Tag über machen wollte, gefiel mir ausnehmend gut. Das war viel besser als Schule.

Von morgens bis abends sangen, musizierten und tanzten wir. Die Tagung endete mit einem rauschenden Fest, bei dem alles vorgeführt wurde, was wir in den zehn Tagen einstudiert hatten. Viele der teilnehmenden Schüler sind später Berufsmusiker geworden.

Vor dem Frühstück badete ich im kalten Plöner See. Das machten nur wenige. Aber keiner fehlte auf der Freitreppe des Schlosses beim Morgenlied. Der Blick schweifte über einen weiten Rasen, der von Buchen eingerahmt war. In der Ferne schimmerte das Wasser des Sees. Nach dem Frühstück kam das individuelle Programm. In der Mittagspause, die wir Jugendliche nicht brauchten, ertönte in der einen Ecke des Parks die kleine Nachtmusik, ein Streichquartett, in der anderen ein Bläsertrio. Eine zauberhafte Zeit.

Aus Meldorf waren außer mir Katinka Mießner und Roland Geitmann gekommen. Wir erlebten in Nehmten, wie schön es ist, gemeinsam zu musizieren, sodass Katinka und ich, nach Hause zurückgekehrt, von da an regelmäßig am Sonntagmorgen zusammen Geige und Klavier spielten.

An einem Sonntag übten wir bei Mießners, den anderen bei uns. Manchmal spielte auch Ernst-Günther Thaysen auf seinem Cello dazu. Ich erinnere mich an Stücke von D'all Abaco, Händel, Corelli und an das Zigeuner-Trio von Haydn. Manchmal umrahmten wir Feierstunden mit unserer Musik und verdienten uns dabei zwanzig Mark.

Wenn wir am Sonntagmorgen eine Stunde lang ununterbrochen musiziert hatten, mussten wir auch einmal eine Pause einlegen. Wir kamen ins Erzählen und ganz langsam entwickelte sich eine Freundschaft zwischen uns, obwohl Katinka drei Jahre jünger ist als ich. Ein großer Altersunterschied, wenn man jung ist. Die Verbindung zu ihr ist bis heute nicht abgerissen. Im Abstand von ein paar Jahren besuchen wir uns, wir telefonieren miteinander und schreiben uns Briefe.

Der Abtanzball fand laut Fotoalbum am 06. Juli 1957 statt. Wir lernten Foxtrott und Walzer und lateinamerikanische Tänze. Jive tanzte ich leidenschaftlich gern, aber ansonsten hat mich die Tanzstunde nicht besonders beeindruckt. Zumindest beherrschte ich endlich die Tanzschritte, das war ein Vorteil.

In den nächsten Jahren bis zum Ende der Schulzeit habe ich meinem Gefühl nach mehr getanzt als gelernt. Volkstanz im Turnverein, Contratanz in Nehmten, Menuett in der Schule, Tanz in den Mai in Wolmersdorf, Schulfasching, Schul- und Klassenfeste, ein Tanzvergnügen löste das andere ab. Ich bin der Mutter dankbar, dass sie mich immer hat gehen lassen.

„Komm nicht zu spät nach Hause", sagte sie nur und mir war klar, ich sollte zwischen 24.00 und 01.00 Uhr zurückkommen. Die Mutter wusste, wo ich mich aufhielt, wusste, dass ich nur eine oder zwei Flaschen Coca Cola im Laufe des Abends trank, dass nur die Jungen manchmal ein Bier konsumierten. Selbstverständlich gab es auch immer einige, die an der Theke herumlümmelten und sich volllaufen ließen. Ich wollte tanzen. Säufer interessierten mich nicht.

Uta Franck und Reinhard Finck – 1960

Ich lebte in einer heilen Welt. Die Dramen von Tennessee Williams („Die Katze auf dem heißen Blechdach" und „Endstation Sehnsucht") und John Osborne („Blick zurück im Zorn") und Bücher von Thornton Wilder las ich zwar, aber genau genommen verstand ich sie nicht, weil ich die Probleme von Trinkern und von zerrütteten Ehen nicht kannte.

Mein Schutzengel war die Unwissenheit, die mich sicher durch die Jugendzeit geleitet hat.

„Himmelhoch jauchzend, zu Tode betrübt" könnte ich das Kapitel Roland Geitmann nennen. Er ist ein Jahr älter als ich. Durch ihn habe ich gleich die schmerzlichen Facetten der Liebe kennengelernt. In Nehmten, er spielt Geige, kannte er mich nämlich plötzlich nicht mehr, weil er nur Augen für ein anderes Mädchen hatte. Wir waren bereits ein Dreivierteljahr lang befreundet. Fünf Wochen hatten wir uns wegen der großen Ferien nicht gesehen. Ich hatte in dieser Zeit Hölderlins Hyperion gelesen und mich mit Diotima identifiziert. Ich begriff nicht, wie mir in Nehmten geschah. Ich fühlte mich gedemütigt. Ich konnte die ganze Zeit nichts essen. Nur die Milchsuppe zum Frühstück habe ich herunterschlucken können, ansonsten versagte mir der Magen seinen Dienst. Sogar der Mutter fiel auf, dass ich traurig von Nehmten zurückkehrte. Dünn war ich geworden. Dieses eine Mal hat sie mich getröstet.
Jahre später habe ich geschrieben:

An eine Freundin
Nehmten an dem Plöner See Kammermusik aus
Park und Schlafraum und Schlosssaal aus
Liebeskummer kein Essen nur
morgens Milchsuppe
abends Faxen und Contratanz

Meldorf an der Nordsee Februar
zweiundsechzig bricht der Deich
sonntags musizieren zwei

lange Jahre Geige und Klavier
D'all Abaco Händel und Haydn
Günter am Cello

Jährlich ein Brief um die Weihnachtszeit
spiegelt Geschichte du
frei und beweglich ich
fest eingebunden gleiche Berufe
Grenzen verwischen Katinka wir werden alt

Obwohl Roland mich in Nehmten ignoriert hatte, zeigte er sich in Meldorf auf einmal wieder in der Theodor-Storm-Straße. Ich erklärte hochmütig, dass er zu spät käme, dass ich mir gerade überlegen würde, ob ich mit Theo zusammen sein wollte.

Ich habe es versucht, aber ich fand Theo nur nett, das war alles, und beim Küssen biss er mir die Lippen wund. Das war mir zu viel der Leidenschaft und aus Theo und mir wurde nichts, obwohl er und sein Freund Siegfried unentwegt mit ihrem Fahrrad an unserem Haus vorbeifuhren.

Manchmal bat ich Theo, er ist Professor für Geodäsie (Vermessungskunde) geworden, mir bei den Mathematikaufgaben zu helfen. Das tat ich, weil ich dann schneller mit den Hausaufgaben fertig war. Er sonnte sich in der Rolle des Helfers, eine wirkliche Chance hatte er bei mir nie.

Die Mutter mochte ihn gern, weil er aus gutem Hause kam, wie sie zu sagen pflegte, und anständig erzogen war. Sie bat ihn, Platz zu nehmen, und unterhielt sich mit ihm.

Ich aber dachte immer nur an Roland. Das war die Zeit der Herzschmerzen.

Ein Vierteljahr lang redeten Roland und ich nicht miteinander, dann sahen wir uns auf einmal in der Pause auf dem Schulhof in die Augen und wussten, dass wir nun keine einzige Stunde mehr warten konnten. Er ging zu seinem, ich zu meinem Lehrer. Wir baten, wegen Kopfschmerzen nach Hause gehen zu dürfen. Herr Gelhaar, mein Chemielehrer, sah mich mitleidig an und wünschte mir gute Besserung.

Ich fühlte mich wirklich schlecht.

Mit der Schultasche unterm Arm trafen wir uns unten an der Chausseestraße und spazierten zum Hafen. Wir malten uns aus, dass unser Schwänzen entdeckt und wir der Schule verwiesen würden. Der Direktor würde alle Schüler der Oberstufe in der Aula versammeln. Laut würde er den Grund des Verweises verlesen. Zuerst würde Roland nach vorn kommen müssen und das Abschiedsschreiben entgegennehmen, dann ich. Schaurig feierlich würde das sein. Es war uns wirklich nicht geheuer. In einer Kleinstadt bleibt nichts verborgen. Aber wie schon gesagt, wir konnten keinen Augenblick länger warten, uns wieder zu versöhnen. Das war Liebe.

Bei Rolands Abiturfeier war ich dabei, dann sagte er auf Wiedersehen und ließ nichts mehr von sich hören. Er studierte in Freiburg Jura. Nur eine einzige Karte kam von ihm. Darüber freute ich mich sogar noch, bis Katinka eine Karte gleichen Inhalts erhielt. Von da an schrieb ich ihm lange Briefe, die ich aber nie abschickte. Ich wollte ihm auf keinen Fall nachlaufen.

Damals habe ich die Erfahrung gemacht, dass der Stolz nach der Liebesfähigkeit die wichtigste Eigenschaft eines Menschen ist.

Nachdem Roland verschwunden war, kam Jürgen Krause, ein Klassenkamerad, auf mich zu und forderte mich auf, seine Freundin zu werden.

„Roland ist weg, jetzt bin ich an der Reihe", meinte er pragmatisch.

Empört wies ich sein Ansinnen ab. Ließ sich Liebe an- und ausschalten?

Von nun an klingelte er häufig bei uns. Er war eine rechte Plage. Ich schwöre, ich war immer brummig zu ihm, aber sein Werben hörte nicht auf.

Unser Vorabi bestand in einer schriftlichen Arbeit in Englisch und einer mündlichen Prüfung in diesem Fach. Latein gaben wir ohne Examen ab und hatten damit das große Latinum. Ich wurde in Englisch nicht geprüft, weil die Vorzensur befriedigend ausfiel und mit der Zensur in der Prüfungsklausur übereinstimmte. Keiner aus unserer Klasse ist durch das Vorabi gefallen.

Das war ein Grund zum Feiern.

Unser Englischlehrer hieß Herr Hinzpeter. Sein Spitzname war Vico, weil er Ähnlichkeit mit Vico Torriani, dem Schlagersänger, hatte. Er war unverheiratet und wohnte in einem Zimmer in der Österstraße zur Untermiete.

Einmal erklärte er uns im Unterricht, dass das englische Wort virtue, Tugend, von dem lateinischen Wort vir, der Mann, komme. Er grinste uns drei Mädchen an. Dann fragte er:

„Und woher kommt vice, das Laster?"

„Von Vico", sagte ich schnell.

Er guckte mich eine Sekunde lang verblüfft an, dann fing er schallend an zu lachen.

Mit diesem Lehrer feierten wir in einem Lokal unsere bestandene Prüfung. Es wurde immer später. Zum Schluss gingen wir drei Mädchen früher als die Jungen nach Haus.

Am nächsten Tag herrschte große Aufregung in der Schule. In der letzten Nacht waren Zigarettenautomaten aufgebrochen worden. Sie lagen alle an dem Weg zwischen unserer Gastwirtschaft und dem Haus, in dem Vico wohnte.

Nachdem wir Mädchen gegangen waren, wurden die alkoholisierten Jungen immer wilder. Allmählich wurde es Herrn Hinzpeter ungemütlich und er beschloss, unauffällig zu verschwinden. Er fing an zu tanzen, das kannten wir von ihm, er tanzte sich immer mehr in Richtung Tür und war auf einmal nicht mehr zu sehen. Als unsere Jungen das spitzkriegten, liefen sie ihm hinterher. Sie verfolgten Vico durch die nächtlichen Straßen, ohne ihn zu erreichen.

Nun wurden unsere Jungen verdächtigt, die Zigarettenautomaten aufgebrochen zu haben. Herr Hinzpeter konnte ihnen kein Alibi geben.

Der Unterricht hatte noch nicht begonnen, da holte Direktor Reiche Ingo mit grimmigem Gesicht aus der Klasse. Das war so surreal, dass ich zu kichern anfing. Der Direx drehte sich um und herrschte mich an:

„Gestehen Sie! Sie wissen etwas!"

Ich wusste aber überhaupt nichts.

Ingo war leichenblass geworden. Ein Dithmarscher hat ein ausgeprägtes Ehrgefühl.

„Ihre Blässe nehme ich als Geständnis."

Es ist nie herausgekommen, wer die Einbrüche verübt hat. Ich aber bin fest davon überzeugt, dass meine Klassenkameraden unschuldig waren.

16

Die ganze Nacht hatten nur wir beide miteinander getanzt, Ingo und ich. Dorothea, das Pastorentöchterchen, hatte unsere Klasse nach Burg eingeladen. Auch der unglücklich verliebte Jürgen Krause feierte mit uns.

Pastor Weide ließ uns vor den Toren Meldorfs aus seinem Auto steigen. Er wollte schnell wieder nach Hause. Es war 03.00 Uhr morgens. Heide, Ingo und ich schlenderten über Meldorfs Kopfsteinpflaster.

Wir kehrten noch bei Heini ein. Dieser Wirt, der stets mit seinen Gästen zu trinken pflegte, hatte auch nach der Sperrstunde eine offene Tür.

Ingo bestellte drei Eskorials, und dann noch drei. Die Flüssigkeit in den Gläsern war grün und vierundfünfzigprozentig. Sie brannte in heller Flamme. Nach dem Besuch in der Gastwirtschaft wollten wir Heide nach Hause bringen.

Als wir in der Klosterstraße vor der Haustür ihrer Eltern standen, erklärte sie, nun wolle sie mich zusammen mit Ingo nach Hause begleiten.

Ingo, groß, blond und blauäugig, sah mich an. Es bedurfte keiner Worte. Fast gleichzeitig sagten wir, dass wir noch einen Spaziergang machen wollten. Das half nichts. Heide kam mit.

Zu dritt schlugen wir den Weg zum Sportplatz ein.

Unter blühenden Linden setzten wir uns auf eine Bank. Die durchtanzte Nacht machte sich bemerkbar. Wir waren müde.

Auf einmal sah ich, dass sich Heide an Ingos Schulter schmiegte. Jetzt war mir alles egal. Die helle Flamme des Eskorials loderte. Und dann hat mich das Zeitgefühl verlassen. Ich glaube, es dauerte lange, bis ich aus Ingos wilden Küssen wieder erwachte. Vor uns hockte im Morgenlicht ein riesengroßer Hase. In der Nähe schepperten Milchkannen. Eine Bauersfrau war schon mit dem Fahrrad auf dem Weg zum Melken. Einen halben Meter neben uns saß Heide stocksteif auf der Bank. Widerstandslos ließ sie sich jetzt nach Hause bringen.

Heide besuchte mich am nächsten Tag und verlor kein Wort über die Ereignisse der Nacht. Da sie mich nicht anklagte, konnte ich mich nicht verteidigen. Ich wurde richtig böse auf sie.

Vielleicht hat Heide, genauso wie ich, auf ein erlösendes Wort gewartet. Dass wir nicht über uns gesprochen haben! Ich wusste doch, dass Ingo Heides große Liebe war. Damals hat unsere Freundschaft einen Riss bekommen.

Die Liebe des Jürgen Krause erlosch nicht. Immer wieder plagte er mich mit seinen leidenschaftlichen Geständnissen. Er fand heraus, dass meine Eltern im Sommer Urlaub in Hörnum auf der Insel Sylt machen wollten. Nun wusste er nichts Besseres zu tun, als auch nach Sylt zu reisen, die Düne aufzuspüren, in der wir uns tagsüber aufhielten, und uns mit seiner Gegenwart zu beglücken. Meine höfliche Mutter redete mit ihm und musste aufgrund der Form seiner Beine erraten, welcher Sportart er frönte. Seine Beine waren muskulös und behaart. Fußballer war er. Wir haben viel auf seine Kosten gelacht, wenn er nicht dabei war. Nachdem er uns in den Dünen gefunden hatte, suchte ich mir einen anderen Platz zum Sonnen und Baden.

Ich bekunde hiermit öffentlich, nur ein einziges Mal tanzte ich im Herbst auf dem Schulfest mit ihm.

Eines Tages, kurz nach den Herbstferien, lag im Burger Elternhaus ein Abschiedsbrief von Jürgen. Er wollte sich aus verzweifelter Liebe das Leben nehmen. Herr und Frau Krause eilten zu Pastor Weide. Seine Tochter Dorothea kannte Jürgen gut, weil sie jeden Tag zusammen mit dem Zug fuhren. Pastor Weide und das Ehepaar Krause fuhren, so schnell es ging, nach Meldorf in die Theodor-Storm-Straße. Ich lag schon im Bett und schlief.

Die Mutter sagte:

„Deshalb wecke ich Uta nicht auf."

Otto fand heraus, dass die Eltern den Brief kurz vor der Abfahrt eines Zuges in Richtung Hamburg gefunden hatten. Er nahm an, dass Jürgen in der Großstadt untertauchen wollte. Er versuchte, die Eltern zu beruhigen. Jürgen war ihr einziges Kind.

Als ich am nächsten Tag in die Klasse kam, herrschte Totenstille. Alle starrten mich an und Gerd Claußen tönte:

„Wenn Jürgen jetzt tot ist, bist du schuld, Uta."

Ohne ein Wort zu sagen, setzte ich mich auf meinen Platz.

„Du hättest dich wenigstens zum Schein mit ihm befreunden können", sagte Ingo. „Was man hat, ist dann nicht mehr so begehrenswert."

Blöder Kerl, dieser Ingo. Das war wohl seine Methode, mit seinen Liebschaften zurechtzukommen.

Die Tür ging auf und Herr Treplin trat herein, sah mich bedeutsam an und fing mit dem Deutschunterricht an. Ein paar Minuten später kam der Direktor und holte mich in sein Büro. Er fragte mich, was denn gewesen bzw. nicht gewesen sei, und ich wurde immer wütender auf Jürgen. Was konnte ich dafür, dass ich ihn nicht leiden konnte? Machte ich so ein Theater wegen Roland?

Es wurde immer grotesker. Nach dem Direktor verhörte mich ein Polizist, der fünf Häuser von uns entfernt wohnte. Heute Nachmittag würde ganz Meldorf wissen, dass Jürgen Krause wegen mir Selbstmord begehen wollte.

Später saßen Heide und ich zusammen über den Schularbeiten. Sie sagte theatralisch:

„Gleich ruft er dich an und sagt: Entweder du erhörst mich jetzt oder ich erschieße mich, und dann geht ein Schuss in die Luft, um dich zu beeindrucken."

Wir lachten beide, aber geheuer war mir die Angelegenheit ganz und gar nicht.

„Wenn er nun wirklich wegen mir …"

Nach ein paar Wochen saß Jürgen wieder neben uns auf der Schulbank. Er sagte nichts zu mir und ich fragte ihn nicht. Er war damals tatsächlich nach Hamburg gefahren.

Drei Herzen wurden mir im Januar 1962 geschenkt. Ich saß oben im Kinderzimmer und lernte fürs Abitur. Völlig in meine Arbeit vertieft bemerkte ich weder Theo noch Siegfried, die inzwischen schon im sechsten Semester studierten und sich mit Plakatekleben Geld verdienten. Sie schnitten drei Herzen aus leuchtendem Cruschtschow-Rot eines Plakates aus, lehnten eine Leiter an die Straßenlampe, die auf der Ecke unseres Grundstücks stand, und klebten die Herzen so auf die weiße Lampe, dass sie zu meinem Fenster zeigten. Erst am nächsten Morgen entdeckte ich sie.

Das Lustigste an der Herzaktion war, dass Straßenarbeiter in den nächsten Tagen kamen, um etwas zu reparieren. Dabei drehten sie die Lampe so, dass die Herzen nicht zu meinem Zimmer blickten. Die Mutter beobachtete das mit Sorge, ging nach draußen und bat die Arbeiter, die Lampe doch ein bisschen zu drehen, damit nicht ein falsches Mädchen angehimmelt würde. Wir haben am Mittagstisch herzlich gelacht, als die Mutter von ihrer großen Tat berichtete.

Und in der Schule bemerkte mein Klassenlehrer Lubs:

„Was soll denn das bedeuten, Uta, dass auf der Lampe an Ihrem Grundstück drei rote Herzen prangen?"

Am 16. Februar 1962 hatte ich mein mündliches Abitur. Abends saßen wir in der Kneipe bei Heini im Rosenzimmer und feierten, nur einer aus unserer Klasse war durchgefallen, da stürzte plötzlich ein Fremder herein und rief:

„Der Deich am Hafen ist gebrochen."

Es hatte den ganzen Tag gestürmt, aber das war bei uns an der Westküste eigentlich nichts Besonderes. Doch einen Deichbruch hatte es noch nie gegeben. Ingo und ich kämpften uns gemeinsam durch gegen den Sturm zum Hafen. Am Deich war in der Dunkelheit nicht viel zu sehen. Zwischen den herumlaufenden Männern störten wir nur.

„Hier ist bös Gefahr", sagte einer und bedeutete uns mit einer Handbewegung zu gehen. Den Gürtel, der Ingos Mantel hielt, riss ihm der Sturm aus den Händen. Beim Rückweg wurden wir so geschoben, dass wir nicht im Normaltempo gehen konnten, sondern laufen mussten.

In dieser Nacht ertranken in Hamburg viele Menschen. Der spätere Bundeskanzler Helmut Schmidt soll damals als Senator für das Innere sehr umsichtig gehandelt haben. Am Meldorfer Hafen war der Schaden nicht groß, das Hinterland mit seinen Häusern und Menschen waren glücklicherweise zu keinem Zeitpunkt wirklich in Gefahr.

Während meiner Grundschulzeit war ich einmal aufgeregt nach Hause gekommen. Die Lehrerin hatte uns von Sturmfluten, Deichbrüchen und überfluteten Halligen erzählt. Ich hatte Angst, weil wir relativ nahe am Deich wohnten. Die Mutter beruhigte mich damals, das mit dem Landunter sei früher gewesen, heute gäbe es das nicht mehr. Damals glaubte ich ihr alles. In der Nacht nach meinem mündlichen Abitur aber wurde ihre Autorität in Wissensfragen endgültig erschüttert.

Ingo und ich wollten zusammen zum Abiball gehen. Das war beschlossene Sache. Plötzlich tauchte Roland auf, er hatte Semesterferien und lud mich zu meiner eigenen Abschlussfeier ein. Hatte er von Jürgen Krause gehört und war ich dadurch für ihn wieder attraktiv geworden? Da stimmte doch etwas nicht. Wenn überhaupt, musste i c h ihn auffordern, mit zu m e i n e m Abiball zu kommen. Das tat ich nicht. Daraufhin ging Roland mit Heide zu unserem Fest.

Nun war die Lage total verquer, denn Heide liebte Ingo und ich genau genommen Roland. Ingo aber liebte Birgit, die schon lange in Hamburg wohnte. Und dann gab es da noch eine Ingrid, mit der Ingo befreundet war.

Fröhliche Jugendzeit?

In der Zeit nach dem Abitur im März oder April haben mein Bruder und ich eine dreitägige Fahrradtour gemacht.

Welf hatte ein neues Fahrrad bekommen, das musste eingeweiht werden. Er war elf und ich neunzehn Jahre alt. Unser erstes Ziel war Albersdorf. Wir quartierten uns in der Jugendherberge ein. Es war nicht geheizt. Wir waren die einzigen Gäste.

Um uns aufzuwärmen, gingen wir in eine Gastwirtschaft und bestellten etwas Heißes zu trinken. Welf sah mich verschmitzt von der Seite an, dann sagte er:

„Was meinst du, denken die Leute über uns? Glauben sie, dass wir ein Liebespaar sind?"

Mein süßer kleiner Bruder, was für Gedanken er sich machte!

Am nächsten Tag besichtigten wir die Keramikwerkstatt in Tellingstedt. Ich kaufte mir drei Becher, die in Kiel meine „Studentenbecher" wurden. Es gibt sie noch heute.

Unsere Klasse hat das Ende der Schulzeit in privaten Festen ausgiebig gefeiert. Ich habe mir in dieser Zeit das Schreibmaschineschreiben beigebracht. Ansonsten ging es mir schlecht. Das hatte folgenden Grund:

Im Sommer hatten mich zwei Jungen aus unserer Schule, Gernot ging in meine Klasse und Udo besuchte die Obersekunda, von Trischen aus zu einem Segeltörn mitgenommen. Zu unserer Schule gehörte ein Segelklub, in den leider nur Jungen eintreten durften. Otto war dabei, als ich zu den beiden ins Boot stieg. Meine Eltern hatten diese Tour erlaubt. Wir wollten von Trischen nach Cuxhaven und abends über die Marner Plate zurück zum Meldorfer Hafen segeln.

Kurz vor Cuxhaven schlief der Wind ein. Flaute. Die Jungen ließen den Anker herunter und erklärten, dass wir nicht mehr vom Fleck kämen, es sei denn, die Strömung würde uns weitertreiben. In der Nacht fing es an zu stürmen, sie holten den Anker ein, das Segelboot machte Wasser, wir mussten lenzen und mit Mühe und Not erreichten wir klatschnass Cuxhaven.

Die Fischer schimpften uns aus. Zum Glück wussten sie nicht, dass die Jungen nicht einmal einen Kompass mitgenommen hatten.

„Da, wo ihr geankert habt, ist vor zwei Wochen ein Segelboot untergegangen."

Einer der Fischer bot mir seine trockene Kajüte für die Nacht an, was ich dankbar annahm.

Am nächsten Tag brach Udo zu spät von Cuxhaven auf. Die Ebbe hatte schon eingesetzt. Auf der Marner Plate, da ist die Nordsee nicht besonders tief, fuhren wir auf Schlick auf. Wieder mussten wir eine Nacht fern der Heimat verbringen.

Am dritten Tag überraschte uns kurz vor Büsum Nebel, ein so dichter Nebel, wie ich es nie wieder erlebt habe. Wir hörten die Leute auf dem Büsumer Watt zwar sprechen, wortwörtlich verstanden wir sie, aber sehen konnten wir sie nicht. Dieses Mal erreichten wir den rettenden Hafen. Ich lief sofort zur nächsten Telefonzelle und rief zu Hause an.

„Du kommst augenblicklich zurück, und zwar auf dem Landweg!"

Die Mutter ließ mich nicht von Büsum nach Meldorf zurücksegeln. Ich sollte den Bus nehmen. Das tat ich natürlich nicht. Ich trampte.

Zu Hause erwartete mich ein Donnerwetter. Als ob ich etwas für die Wetterverhältnisse und Udos schlechte Planung konnte!

„So ein unzuverlässiges junges Mädchen wie dich kann ich nicht in die Welt lassen. Du bist noch zu grün zum Studieren."

Zur Strafe sollte ich nach dem Abitur für ein halbes Jahr auf die Heimvolkshochschule in Lunden gehen, wo ich zusammen mit Bauernmädchen kochen und weben lernen sollte. Ich hielt den Mund, da ich wusste, dass es keinen Zweck hatte zu widersprechen, wenn die Mutter derart aufgebracht war. Meine Eltern fuhren mit mir nach Lunden und der Aufenthalt dort war beschlossene Sache.

Während der Zeit nach dem Abitur peinigte mich die Vorstellung, ein halbes Jahr auf dem Dorf in der Heimvolkshochschule vertrödeln zu müssen. Ich wollte doch in die Welt aufbrechen und den Nobelpreis erringen! Weben entsprach nicht meinem Lebensgefühl. Ich wollte endlich dem Einflussbereich der Mutter entkommen. Ich wollte keine Ratschläge mehr von ihr.

Ich wollte mein eigenes Leben führen.

Nach dem Abitur brach für mich somit eine Krisenzeit an. Ich kümmerte. Alle anderen freuten sich auf einen Neuanfang, und ich? Wozu hatte ich Latein und Mathematik gelernt? Um jetzt in Lunden zu versauern?

Die Mutter bemerkte, dass ich unglücklich war, obwohl ich mich nicht beklagte.

„Und wenn du nun nicht nach Lunden musst?"

Inzwischen waren Roland und ich wieder miteinander befreundet, obwohl ich schon so oft seinetwegen verzweifelt gewesen war.

Trotz unserer Freundschaft wollte ich nicht mit ihm nach Freiburg gehen. Auch hatte ich nicht vor, Ingo nach Hamburg zu folgen, ich wollte in Kiel meine eigenen Erfahrungen im Studium machen.

Und vor allen Dingen wollte ich Meldorf mit all seinen Verwicklungen hinter mir lassen. In Meldorf war es mir zu eng.

Nach meinem dritten Semester ließ ich mich dann doch überreden, zusammen mit Roland in Freiburg zu studieren.

„Sag doch mal deiner Mutter, sie soll mich zum Essen einladen."

Als wir gemeinsam am Tisch saßen, hielt Roland eine galante Rede auf die Mutter, die das sichtlich genoss. Dann bat er darum, mich nach Freiburg gehen zu lassen. In diesem Punkt aber hatte er sich geirrt. Die Mutter ließ sich nicht bezirzen und blieb bei ihrem Verbot.

„Du willst wohl deine Füße unter unseren Tisch stellen."

Diese hässliche Bemerkung kam von Otto. Ein Nassauer war Roland ganz und gar nicht. Bei uns unterzukriechen kam für ihn überhaupt nicht infrage. Er sagte zu mir:

„In ein paar Wochen wirst du einundzwanzig. Dann bist du volljährig. Komm doch einfach ohne die Erlaubnis deiner Eltern mit mir."

Ich schüttelte den Kopf. Gegen den Willen meiner Eltern zu handeln traute ich mich nicht. Ich glaube aber, meine Weigerung hatte einen anderen Grund. Genau genommen wusste ich, dass in Freiburg für mich eine Leidenszeit anbrechen würde. Ich traute Roland nicht mehr. Eigentlich wollte ich mir in Freiburg nur die Gewissheit holen, dass er nicht der Richtige für mich war. Zu viel Verletzendes war bereits geschehen. Das war keine Basis für eine gemeinsame Zukunft, auch wenn er sagte:

„Wenn wir dann verlobt sind …"

Heute bin ich dankbar, dass meine Eltern das Verhältnis zwischen uns beiden richtig eingeschätzt haben.

So fuhr ich wieder nach Kiel und schrieb ihm von dort einen Abschiedsbrief, der ihn genau an meinem einundzwanzigsten Geburtstag erreichte. Lange Zeit lebte ich in der Angst, dass Roland bei mir auftauchen könnte. Dann wäre ich sofort wieder rückfällig geworden, das wusste ich. Wochenlang versagte mein Magen wie in Nehmten seinen Dienst.

Zum Glück kam Roland nicht nach Kiel.

Auch zu ihm ist der Kontakt bis heute nicht abgebrochen. Zur Weihnachtszeit schreiben wir uns jeweils einen Brief. In den fünfundvierzig Jahren, die seit damals vergangen sind, haben wir uns manchmal gegenseitig besucht.

17

Als ich nicht mehr nach Lunden zu gehen brauchte, bin ich sofort mit der Bahn nach Kiel gefahren und habe mich in der Jugendherberge einquartiert, um mir ein Zimmer zu besorgen. Ich wollte keine Hilfe. Ich wollte ganz allein auf die Suche gehen.

Vor dem Büro der Studentenselbstverwaltung stand eine lange Schlange wartender Studenten. Alle wollten ein Zimmer vermittelt bekommen. Ich stand nur fünf Minuten in der Reihe, da trat ein junges Mädchen in den Flur und schaute die Wartenden an. Ihr Blick blieb an mir haften. Sie kam auf mich zu:

„Sie suchen bestimmt ein Zimmer. Ich habe eines für Sie. Allerdings liegt es auf der anderen Seite der Förde."

Ich zögerte.

„Nehmen Sie es! Nehmen Sie es!", riefen die Studenten in meiner Nähe.

So hatte ich ganz schnell eine Unterkunft. Katrin, so hieß das Mädchen, fuhr mit mir mit der blauen Linie über die Förde nach Dietrichdorf. Sie wohnte mit ihrer Mutter und ihren zahlreichen Geschwistern in einer Villa inmitten eines großen Gartens. Katrin studierte Englisch und Geografie. Ihre Mutter war die Witwe eines Rechtsanwalts, der für die Hohwaldtswerke gearbeitet hatte. Sie trug noch schwarze Kleider.

Mein Zimmer befand sich über dem Eingang. Es hatte dadurch drei Außenwände. Der Fußboden war im Winter sehr kalt. Ein schmaler, spärlich möblierter Raum. Auf der rechten Seite stand ein Bett, auf der linken ein offenes Bord und ganz hinten ein Schreibtisch und ein kleiner Kleiderschrank. Eine Klause, die 45,- Mark pro Monat kostete. Für mich war es ein Paradies. Zum ersten Mal in meinem Leben hatte ich ein eigenes Zimmer.

An der Uni habe ich mich so lange durchgefragt, bis ich wusste, was ich tun musste, um mich zu immatrikulieren. Genauso machte ich es in allen anderen Bereichen. Das ist eine gute Erfahrung gewesen. Ich wusste irgendwann einmal, wie ich etwas anpacken musste. Beratungsstellen gab es 1962 noch nicht. Selbstverständlich habe auch ich den Erstsemesterfehler gemacht und viel zu viele, nämlich dreißig Wochenstunden belegt. Mir war nicht klar, dass eine Vorlesungsstunde, was die Menge des Stoffes betrifft, nicht mit einer Schulstunde zu vergleichen ist.

Die Fragerei war das Erkennungszeichen der Erstsemester. Bald gehörte ich zu einer Clique: Jens, Walter, Arnold und Claus, Ute und ich. Wir studierten alle Biologie und halfen uns mit Rat und Tat. Drei gemeinsame Semester lagen vor uns.

Wir hatten alle nicht viel Geld. Arnold Speer, der aus Heidelberg kam, war der Einzige von uns, der ein Auto sein Eigen nannte.

Einmal haben wir gemeinsam Geburtstag gefeiert, jeder hatte eine ganze Flasche Sekt getrunken, und trotzdem kutschierte uns Arnold spät in der Nacht alle fünf in seinem Mini nach Hause. Zwei Polizisten hielten uns an. Zu unserer Erleichterung kontrollierten sie nicht Arnolds Alkoholpegel, sondern konnten sich gar nicht darüber beruhigen, dass so viele ausgewachsene Menschen in einem so kleinen Auto saßen. Sie haben Ute und mich, beide wohnten wir auf der anderen Fördenseite, nach Hause gefahren.

Ich war damals so unpolitisch, dass ich mir bei dem Namen Speer nichts dachte. Den anderen aus der Clique ging es genauso. Erst Utes Mutter machte uns darauf aufmerksam, dass Arnold doch große Ähnlichkeit mit seinem Vater Albert habe, der damals noch in Spandau in Einzelhaft saß. Später hat uns Arnold erzählt, dass er regelmäßig einmal im Jahr seinen Vater in Berlin besuchte. Er war aus Heidelberg geflohen, weil ihn da jeder als Sohn seines Vaters kannte. Kiel im hohen Norden war weit genug weg. Er hatte sich für Meeresbiologie eingeschrieben.

Wir sechs studierten mit großem Eifer. Insgeheim wäre ich gern Diplom-Biologin geworden. Das galt in meinem Elternhaus jedoch als brotlose Kunst, genauso wie Religionswissenschaft und Psychologie, was ich auch gern studiert hätte, also wollte ich offiziell Lehrerin werden. Biologie war das Fach meiner Wahl, aber ich musste noch ein zweites dazunehmen. Ich entschied mich für Englisch. Mit den Vorlesungen und Übungen in diesem Fach kam ich überhaupt nicht zurecht, im Gegensatz zu den naturwissenschaftlichen Veranstaltungen. Nach einem Semester ersetzte ich Englisch durch Chemie. Weil Chemie in der Schule aber ein Kurzfach war, musste ich ein drittes Fach dazunehmen. Ich wählte Geografie. Da musste ich das geografische Wissen eben auch noch einpauken.

Außer den Grundvorlesungen in Physik, Chemie, Zoologie und Botanik gab es die Praktika Mikroskopieren und Pflanzenbestimmen und die Exkursionen. Letztere fanden an den Sonnabenden statt. Wir fuhren zu ganz bestimmten Biotopen, z.B. Buchenwald, Sumpf und Moor oder Steilküste an der Ostsee, und lernten die Pflanzen und ihre lateinischen Bezeichnungen kennen. Das waren so viele neue Namen, dass keiner sie behalten konnte. Wir brachten einen Plastikbeutel mit, in die wir die mit Namenszetteln versehenen Pflanzen steckten. Durch die Transpiration der Pflanzen beschlug der Beutel und hielt den Inhalt einigermaßen frisch. In meinem Zimmer stellte ich die Blumen ins Wasser und übte ihre Namen wie Vokabeln.

Unsere Sechserclique war bei diesen Exkursionen meistens vollständig versammelt. Wir waren eifrige Jünger unserer selbst gewählten Wissenschaft, in den Ruhepausen spielte Walter Gitarre, sodass uns Professor Reesc bald alle sechs mit Namen kannte, obwohl wir Erstsemester waren.

An einem dieser Sonnabende im Mai nahm ich an einer botanischen Exkursion bei Dr. Wiermann teil, am Montag darauf sollte ich in Meldorf zusammen mit Katinka und Günther ein Trio von Michael Haydn auf einer Feier spielen. Das neue Schulgebäude der Gelehrtenschule sollte eingeweiht werden. Um beide Ereignisse miteinander verbinden zu können, steckte ich die dicken Noten auf den Rücken unter den Anorak und schnürte ihn unten zu, nahm Geld und Plastiktüte und bestimmte und beschriftete vormittags Pflanzen. Das war irgendwo südlich von Kiel. Von da aus trampte ich mit der Plastiktüte in der Hand in Richtung Westen, ohne mir vorher den Verlauf der Straßen auf der Karte angeschaut zu haben. Das erwies sich als ein Fehler, denn in Schleswig-Holstein verlaufen die Verbindungslinien von Nord nach Süd zwar durchgängig, von Ost nach West aber nicht. Ich fragte mich einfach durch. Manchmal wussten meine Autofahrer auch nicht so recht Bescheid und ließen mich schnell wieder aus dem Fahrzeug klettern. Ich kam nur langsam voran.

Dann stieg ich zu einem jungen Mann ins Auto, der hatte entsetzlich schlechte Zähne. Er redete sehr viel. Ich schwieg. Er sagte:

„Ich tue kleinen Mädchen nichts, was sie nicht wollen", und fuhr auf einen Ackerweg abseits der Chaussee. Ich sagte mit fester Stimme, obwohl ich Angst hatte:

„Halten Sie an!", und stieg aus.

Von da an bin ich nicht mehr allein getrampt. Wieder einmal hatte ich mich durch meinen Leichtsinn und meine Abenteuerlust in Gefahr gebracht.

Hilke studierte zur gleichen Zeit wie ich in Kiel. Sie ist Apothekerin geworden. Manchmal trafen wir uns zufällig in einem Konzert in der Ostseehalle. Sie wohnte weit von mir entfernt in der Geibelallee im Westen Kiels. Ihre Wirtin war streng und klopfte erbarmungslos um 22.00 Uhr an die Tür, wenn sie Herrenbesuch hatte. „Alte Saftkuh" nannte Hilke sie.

Mit Welf hatte ich, wie berichtet, im Frühjahr eine kleine Fahrradtour durch Dithmarschen gemacht, Hilke und ich wollten nun im Sommer im August 1962 drei Wochen durch den Schwarzwald wandern, von Pforzheim auf dem westlichen Schwarzwaldhöhenweg bis nach Freiburg, von dort über Singen am Hohentwiel und die Insel Mainau bis nach Konstanz.

Mit einer gut ausgearbeiteten Route und mit Wanderkarten (Messtischblättern) ausgerüstet fingen wir unsere Fahrt an. Mein Gepäck bestand aus einem sogenannten Affen (eine Art Rucksack) und meiner Gitarre. Wir übernachteten in Jugendherbergen und in Gasthäusern in Touristenlagern, die sich entweder im Keller, im Stall neben den Kühen oder auf dem Dachboden befanden. Wir lernten bald, uns sowohl nach der Karte und den Wegweisern als auch nach unserem Gefühl und den Himmelsrichtungen zu orientieren.

Am Anfang machten wir den Fehler abzukürzen und mussten einmal einen Steilhang hinabklettern. An einem anderen Tag freuten wir uns, laut Wanderroute nur 14 Kilometer laufen zu müssen. Wir hatten aber nicht auf die Höhenlinien geachtet, die unseren Weg ständig schnitten. Das bedeutete, dass wir unentwegt bergauf und bergab wandern mussten. Dieser Tag wurde der anstrengendste der ganzen Tour.

Die Hornisrinde, ein Berg des Nordschwarzwaldes, im Nebel! Der Mummelsee hoch in den Bergen! Hilke konnte sich überhaupt nicht mehr beruhigen, dass sich ein See nicht unten im Tal, sondern hoch oben in den Bergen befindet.

Wenn wir eine Pause machten, rauchte Hilke eine Zigarette und verscheuchte damit die Mücken. Astor hieß ihre Marke. Im Stöcklewald-Turm bei Triberg legten wir in zauberhafter Umgebung einen Ruhetag ein. Dort begegneten wir zwei Jurastudenten, die ebenfalls unsere Tour wanderten – nur in umgekehrter Richtung. Wir haben den Glanz der Barockkirchen in St. Peter und St. Märgen bewundert. In dem Berggasthof Kandelhof kündigte ein hustender Alter seinen Besuch für die Nacht an. Dummerweise konnten wir unser Touristenlagerzimmer nicht verschließen, also stapelten wir von innen Stühle vor der Tür, damit wir wenigstens erwachten, falls er tatsächlich kommen sollte. Er ließ uns in Frieden schlafen.

Hilke und ich machten einen Abstecher nach Tübingen, kamen nach Freiburg, erklommen den Kaiserstuhl und bestaunten den Rheinfall von Schaffhausen. Auf dem Feldberg mussten wir, weil es nichts anderes gab, in dem vornehmen Gasthof Todtnauerhütte einkehren. Arm, wie wir waren, bestellten wir nur eine Kanne heißes Wasser und holten die Teebeutel aus unserer Brottasche. Ich vergesse nie den verächtlichen Blick der Kellnerin. Neben uns wurde der Tee auf einem Stövchen serviert und das Eis flambiert. Wir aber fanden, dass uns das Lokal ganz angemessen war.

Diese drei Wochen mit Hilke gehören zu den schönsten Erinnerungen meines Lebens. Wir verstanden uns sehr gut. Beim Wandern hatten wir die Devise ausgegeben, dass derjenige das Tempo angab, der die schwächere Tagesform hatte. Zum Schluss peinigte Hilke leider eine Schleimbeutelentzündung im Knie.

Ein einziges Mal haben wir uns gestritten. Aus heiterem Himmel sagte meine Schwester:

„Ich gehe jetzt hier lang", und ich ging voller Wut in die entgegengesetzte Richtung. Das haben wir aber nicht lange durchgehalten, zumal es überhaupt keinen Anlass zum Streiten gab.

Im nächsten Jahr wollten wir wieder zusammen wandern.

18

Von der Existenz der Studentengruppe der freien Akademie wusste ich von meinen Eltern, da viele Unitarier dazugehörten. Die freie Akademie verstand sich als eine Einrichtung vergleichbar den evangelischen und katholischen Akademien und strebte eine Art Studium generale an. In der Mensa saßen immer einige Mitglieder der Studentengruppe an einem Tisch. Zu ihnen gehörte der Physiker Helmut Heßberg und der Chemiker Uwe Landt, die damals beide promovierten. Da sie ungefähr zehn Jahre älter waren als ich, setzte ich mich nicht oft zu ihnen, aber an den Veranstaltungen der Studentengruppe abends nahm ich teil. Als wir nach einem Vortrag einmal in einer Gastwirtschaft noch ein Bier tranken, kam durch das Radio die Meldung, dass John F. Kennedy ermordet worden sei. Wir waren alle wie vor den Kopf gestoßen. Bestürzt verließen wir das Lokal.

Uwe Landt war so freundlich, mich mit seinem Auto nach Dietrichsdorf zu fahren. Die Linie 4 fuhr nachts nicht oft.

Mit Beginn meiner Zeit in Kiel fing ich an, Unitarier, freie Akademie und Politik in einen Zusammenhang zu bringen und zu hinterfragen. Ich war aber weit davon entfernt, so viel Wissen über die politische Vergangenheit zu besitzen, dass ich schon selbstständig hätte urteilen können. Es gab irgendwie ein Gebot: „Du sollst nicht wissen", wie es die Psychologin Alice Miller beschreibt.

Dass ich irgendetwas Wichtiges nicht wusste, ist mir das erste Mal aufgefallen, als unser Deutschlehrer Treplin in der Oberstufe das Gedicht „Die Todesfuge" von Celan mit uns interpretierte. Er erwähnte das „Judenproblem". Ich war damals nicht über die Vernichtung der Juden informiert. Deshalb habe ich Celans Gedicht auch überhaupt nicht verstanden. Zu Hause herrschte über die Schrecken des Naziregimes Schweigen. Meine Lehrer sagten nichts Konkretes dazu. Jeder hielt sich da heraus. Im Geschichtsunterricht hörten wir bereits beim Ersten Weltkrieg auf.

Als Vierzehnjährige habe ich allerdings die Mutter gefragt, ob sie es nicht furchtbar gefunden habe, dass die Juden einen gelben Stern tragen mussten.

„Na ja", sagte die Mutter und schüttelte gedankenvoll den Kopf. Das war alles.

Ich fand sie reichlich empfindungslos für die Situation der Gezeichneten, aber ich wusste ja nicht, wie viel Entsetzlicheres geschehen war.

Sehr viel später erst habe ich erkannt, dass die Mutter immer noch dem Gedankengut des Nationalsozialismus verhaftet war. Bei Otto hatte sich etwas verändert, aber er sagte es seiner Frau gegenüber nicht offen.

Damals wünschte ich mir meinen richtigen Vater herbei. Wie hätte er dazu gestanden? Hätte er sich von den Verbrechen distanziert? Hätte er begriffen, dass er verführt worden war? Gerade das konnte die Mutter nicht zugeben, da sie die schönste Zeit ihres Lebens, die mit meinem Vater, im Dritten Reich verbracht hatte. Sie konnte nicht die Ideale ihres gefallenen Mannes, eines Helden, posthum verraten. Ihr war es nicht möglich, Politik und Mensch zu trennen.

Sie erzählte, ich glaube, es war an ihrem 67. Geburtstag, sie habe einmal bei den Artamanen einen Vortrag von Rudolf Höß gehört. Das sei ein faszinierender Mann gewesen. Dabei ballte sie die Hand zur Faust und streckte den Arm nach oben.

„So ein Kerl!", sagte sie.

Die Freundinnen und meine Tanten nickten zustimmend.

Wohin war ich geraten? Ich wollte aufstehen und wegfahren, bin aber geblieben und fragte nur:

„Wisst ihr, wer Rudolf Höß war?"

Sie wussten es. Dann fingen sie an, darüber zu streiten, wie viele Juden ums Leben gekommen seien. Als würde eine kleinere Zahl die Ungeheuerlichkeit des Verbrechens relativieren.

„Ein einziger Toter ist schon zu viel", sagte ich und bin dennoch nicht gegangen. Zu oft war ich schon ein Störenfried in Meldorf gewesen. Seitdem ich nicht mehr zu Hause lebte, hatte ich durchblicken lassen, dass ich in vielen Bereichen anderer Meinung war als die Mutter. Das durfte nicht sein. Wenn ich nicht die leibliche Tochter gewesen wäre, hätte sie mich bestimmt des Hauses verwiesen wie damals Gerd Dombrowsky. Man durfte meiner Mutter überhaupt nie widersprechen.

Zurück nach Kiel in die Jahre 1962/63. Die freie Akademie veranstaltete Jahrestagungen in der Jugendburg Ludwigstein im Werratal bei Witzenhausen. Die Tagungsthemen hörten sich interessant an, aber ich habe an keiner dieser Veranstaltungen teilgenommen. Ich ahnte damals bereits, dass sich dort überwiegend Menschen mit einer braunen Vergangenheit versammelten.

Nur allmählich wurde mir bewusst, dass die Menschen der Bundesrepublik nach dem Krieg einfach dort angeknüpft hatten, wo die Entwicklung 1933 abgebrochen worden war. Ansonsten schwiegen Eltern und Lehrer. Darum war die 1968er-Bewegung eine Notwendigkeit. Da im November 1967 bereits mein zweiter Sohn auf die Welt gekommen ist, habe ich diese Entwicklung nicht an der Universität erlebt. Ich habe gründlich Zeitung gelesen und mir von Freundinnen und Freunden erzählen lassen. Leider habe ich den Staub von den Talaren der Professoren nicht mit eigenen Augen fliegen sehen können.

Es war in der 1968-Zeit, dass es mir wie Schuppen von den Augen fiel. Auch meine Familie war außer dem Tod meines Vaters Opfer der Nationalsozialisten geworden. Die Schwester meiner Mutter hatte vier Kinder, von denen eines mongoloid war. Meine Tante brachte Antje in einem Heim unter. Eines Tages kam per Brief die Benachrichtigung, dass das Kind an Scharlach gestorben sei. Ich bin mir sicher, dass Antje ein Opfer der Euthanasie geworden ist. Tante Dedi hat bis zu ihrem Lebensende an die Todesursache Scharlach geglaubt, mein Onkel scheint etwas gewusst zu haben, hat aber sein Geheimnis mit in den Tod genommen, wie mir meine Cousine Imme, das jüngste Kind der Familie, kürzlich erzählt hat.

Gerade heute, am 06. Juni 2007, an dem ich die obigen Seiten dieser Chronik schreibe, lese ich in der FAZ einen Artikel über den Rheinländer Anno August Jagdfeld, der die heruntergekommene klassizistische Hotelanlage in Heiligendamm kaufte und renovieren ließ. Im Augenblick findet dort der G-8-Gipfel der Industrienationen statt, zu dem die Kanzlerin Angela Merkel eingeladen hat.

Der Immobilienmakler Jagdfeld, Jahrgang 1946, sagt:

„Mein größtes Trauma im Leben war, dass das Dritte Reich und die KZs bis zum Abitur nicht durchgenommen wurden und ich erst mit achtzehn davon erfuhr. Keiner sprach darüber, meine Lehrer kamen aus dem Krieg und waren zum größten Teil in der NSDAP gewesen."

Eltern und Lehrer haben uns hintergangen aus Angst und Bequemlichkeit. Das ist die Erfahrung meiner Generation. Zu Hause hieß es, Hitler hat Autobahnen bauen lassen und den Leuten Arbeit verschafft. Das allzu bekannte Argument für die Hitlerzeit.

Bis auf den heutigen Tag fühle ich mich von meinen Eltern betrogen. Ich durfte mich mit den deutschsprachigen Dichtern, Denkern und Komponisten identifizieren, aber mit der dunklen Seite der deutschen Geschichte machten sie mich nicht bekannt, vernebelten sie so, dass ich nicht erkennen konnte. Deshalb ist es für mich bis in die Gegenwart hinein ein Gräuel, wenn Menschen das Positive annehmen und das damit verbundene Negative ausblenden.

Diese bittere Erfahrung, die auch der Immobilienmakler Jagdfeld ausgesprochen hat, ließ in mir die für mich lebensbestimmende Einstellung reifen:

Bei einer Diskussion müssen Argument und Gegenargument nebeneinander stehen bleiben dürfen. Auch Freunde muss ich nicht unbedingt überzeugen. Wir können ebenso gut mit unterschiedlichen Auffassungen auseinandergehen und trotzdem freundschaftlich verbunden bleiben. Ich hasse es auch, wenn andere mich unbedingt von ihrer Meinung überzeugen wollen. Wie viel Leid ist schon entstanden, wenn der eine den anderen unbedingt auf seine Seite ziehen will. Zuletzt mit Gewalt.

19

Am Schwarzen Brett im botanischen Institut stand die Ankündigung einer einmonatigen Exkursion nach Island mit Professor Reese. Sie sollte DM 800,– kosten. Viel zu viel für eine Studentin, die mit DM 200,– im Monat auskommen musste. Davon bezahlte ich Bücher und Essen. Das Geld für mein Zimmer gab mir Otto extra. Hilke und ich erhielten beide ein Stipendium aus dem BVG, Beamtenversorgungsgesetz, weil unser Vater im Krieg gefallen war und ein Studium hätte bezahlen können. Wie viel Geld meine Eltern für uns jeweils bekamen, weiß ich nicht, Geld war ebenfalls ein Thema, über das bei uns nicht geredet wurde. Das Bewusstsein, dass meine Eltern mein Studium nicht finanzieren mussten, war für mich befreiend.

Ich las die Ankündigung der botanischen Islandreise des Öfteren, obwohl ich wusste, dass eine Teilnahme unmöglich war.

Die Semesterferien verbrachte ich zu Hause. In Meldorf sorgte die Universitätsgesellschaft im Museum ab und an für wissenschaftliche Vorträge. Zusammen mit meinen Eltern besuchte ich in dieser Zeit den Dia-Vortrag von Professor Reese. Thema: Island. Er war schon zweimal auf der Insel im Nordmeer gewesen. Als er mit seinem Bericht fertig war, ging ich nach vorn und begrüßte meinen Lieblingsprofessor. Er war Kiels jüngster Hochschullehrer.

„Ich würde gern Island kennenlernen", sagte ich.

„Kommen Sie mit!", antwortete er. „Es ist noch ein Platz frei."

Auf dem Heimweg erzählte ich meinen Eltern von diesem Gespräch.

„Ist mit DM 800,– viel zu teuer", sagte ich.

Danach breitete sich Schweigen aus. Dann sagte die Mutter in die Stille:

„Was meinst du, wenn wir das Geld hätten?"
Ich war selig.
Da gab es nur das Problem Hilke. Im August, genau in der Zeit der Islandexkursion, wollten wir wieder zusammen wandern. Um mein schlechtes Gewissen zu beruhigen, aß ich im Sommersemester jeden Tag Eintopf, jahrelang konnte ich danach dieses Gericht nicht mehr sehen, sparte in drei Monaten dadurch DM 50,– ein und kaufte meiner Schwester davon auf Island einen Pullover. Hilke hat meine Buße angenommen.

Auf meine Frage, mit welcher Lektüre ich mich auf Island einstimmen könne, antwortete Professor Reese:
„Manfred Hausmann hat einen unterhaltsamen Roman, „Abschied vom Traum der Jugend", über eine Islandreise geschrieben. Ein Eheroman, dafür sind Sie, glaube ich, noch zu jung."
Selbstverständlich habe ich mir das Buch gekauft. Das Thema dieses Romans ist die Reise eines Ehepaares, das sich scheinbar nicht mehr versteht. Zwei Menschen, die nicht mehr miteinander schweigen können, gerade weil sie sich nichts mehr zu sagen haben.
Offenbar kannte sich Professor Reese nicht nur in Botanik und Geologie aus.

In demselben Sommersemester schenkte Professor Grunsky, der zur freien Akademie gehörte, der Studentengruppe Freikarten für die Generalproben der Wagneropern „Parsifal" und „Tristan und Isolde" in Bayreuth. Der Termin lag für mich wegen der Islandreise, der Auflösung meines Zimmers – wie schon erwähnt, wollte ich im vierten Semester nach Freiburg gehen – und einer drohenden Prüfung in physikalischer Chemie ungünstig. Ich fuhr trotzdem mit, wieder leichtsinnig darauf vertrauend, dass meine Kräfte schon reichen würden. Wir mieteten einen Babybus und machten uns zu zehnt auf den Weg nach Bayreuth. Walter aus meiner Sechserclique war auch dabei.

Ich hatte die Libretti von Richard Wagner gelesen. Mit seiner emphatischen Sprache hatte ich Schwierigkeiten.

Wieland Wagner hatte den „Parsifal" inszeniert, Knappertsbusch dirigierte, George London (Bariton) sang den Amfortas, Hans Hotter (Baß) den Gurnemanz, Wolfgang Windgassen (Tenor) den Parsifal, Gustav Neidlinger (Baß) den Klingsor und Irene Dalis (Sopran) die Kundry.

In Bayreuth erklärte und deutete für uns Professor Grunsky am Vormittag Inhalt und Musik der beiden Opern. Am Abend schritten wir festlich gekleidet zum Festspielhaus. Ich hatte ein Kleid aus dunkelblauer Rohseide mit schwarzen großen Punkten angezogen. Dieses Kleid hatte ich zum Abiturball geschenkt bekommen. Warme Sommerluft umhüllte uns.

„Als Einzige von uns siehst du für Bayreuth richtig gekleidet aus", sagte Helmut Heßberg anerkennend. „Wirklich elegant ist dein Kleid."

Wagners Musik war für mich neu. Sie zog sich in endlos aufeinanderfolgenden Bögen aus Tönen dahin, sie machte den Kopf nicht klar und frei, sondern berauschte. Die Akustik des Festspielhauses war fantastisch. Die Pausen zwischen den Akten dauerten eineinhalb Stunden, sodass wir uns erholen und das Publikum betrachten konnten. Leider mussten Walter und ich an diesem besonderen Sommerabend zwischen den lustwandelnden Gästen an einem Tischchen das Protokoll des physikalisch-chemischen Praktikums schreiben, aus dem uns Helmut, der Physiker, dank seiner Beziehungen zum Assistenten vorzeitig herausgeholt hatte. Das Protokoll musste fertig sein, bevor wir nach Kiel zurückfuhren.

Am zweiten Tag besichtigten wir die Stadt Bayreuth. Um Uwe Landt scharten sich die Mädchen. Mir war das zu dumm. Ich stieß Walter in die Seite und krauste die Stirn.

„Lass uns lieber was Anderes machen."

Wir lösten uns unbemerkt von der Gruppe und umrundeten erneut das Festspielhaus. Gleich sollte die Generalprobe der Meistersinger beginnen, zu der keine Zuschauer zugelassen waren, weil es eine Neuinszenierung war. Durch einen Seiteneingang betraten wir das Opernhaus. Wir liefen durch Gänge, stiegen eine Treppe hinauf und gelangten in den Festsaal oben auf der Empore. Leise setzten wir uns, lauschten und guckten uns den ersten Akt der Meistersinger an. Erst ganz zum Schluss bemerkte man uns und jagte uns davon.

Triumphierend erzählten wir den anderen, dass wir unbemerkt in das Festspielhaus eingedrungen seien und uns noch eine Oper angesehen hätten.

Abends hörten wir „Tristan und Isolde" (Birgit Nielsson). Gleich danach machten wir uns auf die Rückreise. Durch Wagners Musik beschwingt nahm mich Helmut beiseite. Er hatte sich gerade erst mit Helgard verlobt und versuchte mich zu indoktrinieren.

„Wenn du einmal heiratest, so achte darauf, dass dein Mann blaue Augen und flachsblondes Haare hat."

Ich sah ihn verblüfft an.

„Deine Helgard hat braune Augen und dunkles Haar! Wie kannst du so etwas sagen?"

„Das ist etwas Anderes", sagte er. „Sie hat sozusagen durch ihre geistige Einstellung blaue Augen."

Das gab ein Naturwissenschaftler von sich, ein Doktorand der Physik! Das war ideologisches Denken. Das hieß, die Tatsachen auf den Kopf stellen. Seltsamerweise hörte sich zunächst immer alles sehr logisch und intellektuell an, was Helmut sagte. Ich ging noch mehr als bisher auf Distanz zu diesem Menschen.

Uwe Landt war aufgefallen, dass ich mich nicht in den Kreis der ihn bewundernden Mädchen eingereiht hatte. Zum ersten Mal dachte er wohl über mich nach.

Allerdings hatte er mich stets in der Grundvorlesung für anorganische Chemie bei Professor Juza, dessen Vorlesungsassistent er war und die ich belegt hatte, im Saal gesucht und mich mit einem leisen Kopfnicken gegrüßt.

20

Ich war die Letzte, die der Professor abends um 18.00 Uhr in physikalischer Chemie prüfte. Dabei war doch gerade ich in entsetzlicher Zeitnot. Schleppend langsam umrundete die Straßenbahn die Förde. In Wellingdorf war Endstation. Nun musste ich noch bis Dietrichsdorf zu Fuß gehen.

Zuerst packte ich meine Sachen für die Islandreise. Ich sollte Spezialistin für die Gentianaceae, die Familie der Enziangewächse, sein. Das zu lernen hatte ich keine Zeit gehabt. Ich wollte es während der Schiffsreise von Kopenhagen nach Reykjavík, die eine Woche dauern sollte, nachholen.

Zwei Nyletestblusen, die damals Mode waren, nahm ich mit, die konnte ich auf der Reise bestimmt irgendwo waschen.

Dann verstaute ich meine restlichen Sachen in zwei Koffern, weil ich ausziehen wollte, um demnächst bei Roland in Freiburg zu studieren. Ich putzte das Fenster ein letztes Mal, gab den Schlüssel bei meiner Wirtin ab und verabschiedete mich.

Danach zog ich mit dem Affen auf dem Rücken, die Gitarre obenauf geschnürt, und in jeder Hand einen Koffer zur Straßenbahnhaltestelle. Der Schweiß floss in Strömen. Ich hatte Angst zusammenzubrechen.

Die Fahrt zu Hilke auf die andere Fördenseite dauerte eine Stunde. Bei ihr stellte ich die Koffer unter und schlief ein paar Stunden. Um sechs Uhr morgens begann die Reise im Kieler Hauptbahnhof.

Von diesem Semester war ich völlig erschöpft, aber bei der Fahrt auf der alten „Dronning Alexandrine", mehr Frachtschiff als Passagierdampfer, die in Kopenhagen begann, erholte ich mich innerhalb weniger Tage. Ich hatte wegen Hilke jeden Tag Eintopf gegessen. Hier gab es nun auf einmal unglaublich leckeres Essen. Morgens bekamen wir Brötchen, Schwarzbrot, Weißbrot, Knäckebrot in verschiedenen Ausführungen, Kekse, die nur mit der Käseplatte gereicht wurden. Es gab Tee und Kaffee zur Auswahl, Butter, so viel wir nur haben wollten, und süßherbe Orangenmarmelade.

Doch die kulinarische Meisterleistung war das kalte Buffet um halb zwölf Uhr. Der Ober musste dazu für jeden Tisch, also für 10 bis 12 Personen, eine große Platte schleppen. Dreierlei verschiedener Braten war kunstvoll zerlegt und mit Eierstich, Petersilie, Tomaten, Senfgurken, grünen Gurken und Kaviar verziert. Eine etwas kleinere Schüssel beherbergte verschiedene Wurstsorten, zum Teil leuchtend rot gefärbt mit Pflanzenfarben. Kostproben vertieften nur den delikaten Eindruck. Eine Schale mit gebratener Leber, eine mit frisch geschmorten Pölsern (Würstchen), Platten mit gekochtem, geräuchertem, gepökeltem Fisch, mit Lachs, mit Thunfisch, mit gesalzenen Heringen steigerten den Appetit. Und da wir genügend Zeit zum Essen hatten, konnten wir alles genießen und landeten zum Schluss bei dem herrlichen Obstsalat. Weintrauben, Ananas, Orangen, Birnen. Bananen waren mit süßer Mayonnaise vermischt. Das schaffte den Spielraum, den wir noch für die Käseplatte mit Roquefort, Camembert, Schweizer, Edamer, Tilsiter brauchten, und für den Kaffee, dem Finale des zweistündigen lukullischen Genießens. Danach begaben wir uns geschlossen aufs Achterdeck, um in der Sonne zu dösen. Das Meer war vom Tosen ermüdet, es schaukelte nur noch ein wenig, sodass wir schnell einschliefen.

Ich lernte Islands Gentianaceae, spielte mit Professor Reese Schach und Walter, der zu den Exkursionsteilnehmern gehörte, sang zu seiner Gitarre.

Wir waren insgesamt vierzehn Personen. Walter und ich waren die beiden Jüngsten. In Reykjavík mietete Professor Reese zwei Landrover, den einen steuerte er selbst, den anderen ein Chauffeur der Kieler Universitätsgesellschaft. Wir verteilten uns auf die beiden Fahrzeuge. Zuerst erkundeten wir die nähere Umgebung Reykjavíks, dann ging es quer durchs Land nach Norden bis nach Akureyri, der zweitgrößten Stadt des Landes, dann weiter nach Osten bis zum Dettifoss, und zum Schluss schauten wir uns von der Südküste aus das Innere der Insel an.

Professor Reese unterbrach von Zeit zu Zeit unsere Fahrt und wir mussten in einem begrenzten Gebiet, einem bestimmten Biotop, alle Pflanzen bestimmen, die dort wuchsen. Diese Vegetationsaufnahmen wollte am Ende unserer Reise überraschenderweise die isländische Regierung haben. Sie fürchtete den Verlust von Geheimnissen des Landes.

Obwohl die Reise einen Monat lang dauerte, sagten wir fast alle Sie zueinander. Das war damals so üblich.

Ich will nur ein paar Höhepunkte unserer Exkursion festhalten.

Von den imposanten Geysiren Islands hat mir am besten die kleine Gryta in Hveragerði im Süden des Landes gefallen. Diese Springquelle ist eingefasst und springt alle 40 Minuten. Wir hatten Glück, denn kurze Zeit nach unserer Ankunft begann die Gryta überzusprudeln und aufzuschießen.

Auf der Farm von Herrn Marth, einem Bekannten von Professor Reese, bin ich das erste und letzte Mal in meinem Leben auf einem Pferd geritten. Ohne große Einführung und ohne Sattel saßen wir auf den Islandponys, die uns sitzen ließen oder wieder abwarfen, ganz wie sie wollten. Das Vertrauen der Pferde haben wir uns mit viel Lehrgeld erkaufen müssen. Ich wagte schon, den anderen einen Galopp vorzuführen, und landete zum Gelächter aller im Gras.

Das Schönste aber war das Reiten in dem unendlich weiten Küstenland. Einmal wollte mein Pferd nicht weiter, ich gab ihm die Sporen, es bockte. Als ich mich nach vorne beugte, sah ich, dass das Tier vor einer breiten, tiefen Spalte haltgemacht hatte. Das Pony war klüger als ich. Diesen Ritt werde ich nie im Leben vergessen.

Islands Wasserfälle sind unbeschreiblich schön. Am meisten hat mich der Godavoss im Norden beeindruckt.

Vom Mývatn, Mückensee, kann ich nur schwärmen. Glühende Lava ist in diesen See geflossen und in fantasieanregenden Formen erstarrt. Die Solfataren, die buntgelbrot gefärbten Schwefelquellen, zeugen vom Vulkanismus, ebenso wie die bläulich schimmernden Sinterterrassen (Kalkablagerungen) im Bereich der heißen Quellen.

Mitten in der Landschaft gab es zwei Badespalten, eine für Konur (Mädchen) und eine für Karlar (Jungen). Wir aber stiegen entgegen der Landessitte gemeinsam in eine Spalte und schwammen ein wenig in der unterirdischen Höhle – allerdings ständig in Gefahr schwebend, uns bei allzu lebhaften Bewegungen empfindlich an den scharfen Steinen zu stoßen. Das heiße Wasser – 42 Grad Celsius – konnten wir nicht lange ertragen.

Der Basaltstrand im Süden der Insel war schwarz. Das war für mich völlig neu. Mir von Trischen bekannte Strandpflanzen wuchsen darauf. Seltsam sah das aus.

Der Sandsturm, der durch alle Ritzen der Landrover drang, war ebenfalls schwarz.

Ich habe gezählt, 112-mal fuhren wir an einem Tag durch einen Fluss. Jedes Mal durch einen anderen.

Ob wir eine Unterkunft in einer Hütte oder einem Sommerhotel (im Herbst, Winter und Frühjahr waren das Schulen) bekamen, war Glückssache. Glücksache war es also auch, ob es etwas Warmes zu essen gab oder nicht.

In Vík erreichte uns eine Hiobsbotschaft. In dem Ort gab es ein einziges Geschäft und in dem war kein Brot zu bekommen. Dabei sollten wir uns für zwei Tage versorgen, da es in die Wildnis ging. Die Aufregung war groß und ganz Schlaue gingen aus, um zu organisieren. Sie hatten sogar Erfolg, auch ohne zum letzten Mittel, dem Singen, greifen zu müssen. Für 7 und 3 Kronen kamen einige mit einem ganzen bzw. halben Brot an. Ich aber schoss den Vogel ab. Ich bekam ein ganzes Brot geschenkt. Ohne jede Gegenleistung!

Wir nahmen den letzten tiefen Fluss vor Landmannalaugar und erreichten tatsächlich die Hütte, die von einer morastigen Wiese umgeben war. Hier wurde der Rest der Brote brüderlich geteilt, da den meisten die Verpflegung ausgegangen war. Ganz in der Nähe war ein Obsidian-Lavafeld, in dem ich mich beinahe verirrt hätte, und ein 32 Grad Celsius warmer Fluss, in dem wir Mädchen um Mitternacht badeten. Der Sanduntergrund war heiß wie eine Kochplatte.

Wieder nach Kiel zurückgekehrt lasen wir in der Zeitung, dass am 15. November 1963 südlich der unbewohnten isländischen Westmänner-Inseln auf dem Meeresboden ein unterseeischer Vulkan ausgebrochen sei.

„Ein 4000 Meter hoher dunkelgrauer Wolkenpilz, in dem ab und zu feurige Gesteinsbrocken aufglühten, schoss wie bei einer Atombombenexplosion vor der isländischen Küste aus dem Atlantik. Das seltene Naturschauspiel ist seit 60 Jahren auf Island nicht mehr beobachtet worden."

Wir hatten leider unsere Exkursion etwas zu früh beendet!

Das neue Eiland wuchs schnell zu 200 Meter Länge und 10 Meter Höhe heran. Ein paar Jahre später war es wieder verschwunden. Das Meer hatte seine Arbeit getan.

Nach der Islandreise verdingte ich mich im Finanzamt, um wie immer in den Semesterferien Geld zu verdienen. Ich arbeitete neun Stunden am Tag. In den ersten drei Wochen musste ich nichts Anderes machen als Adressen per Hand auf Briefumschläge zaubern. Später war dann das Abschreiben von Bescheiden an der Reihe. Kein einziges Mal durfte ich mich verschreiben. Wenn mir das passierte, konnte ich wieder von vorn anfangen.

Abends wollte ich für eine Prüfung lernen. Das habe ich nicht geschafft. Obwohl die Arbeit tagsüber nicht anspruchsvoll war, konnte ich am Abend kein Wissen mehr speichern.

Eine ähnliche Erfahrung habe ich mit meiner Arbeit in einer Gärtnerei gemacht. Ich musste nur die Nelken und Zyklamen mit einem Wasserschlauch gießen. Trotzdem konnte ich mich am Abend nicht mehr konzentrieren. Vielleicht hat mich gerade die Eintönigkeit der Tätigkeit strapaziert?

Verglich ich die Arbeit in der Gärtnerei und im Finanzamt – ich konnte mich auch noch an das Rübenverziehen und Kohlpflanzen erinnern – mit der am Schreibtisch für das Studium, dann wusste ich, was mir lieber war. Ich wollte ein Examen machen, das mich befähigen würde, mein Geld mit einer körperlich nicht so anstrengenden Tätigkeit zu verdienen. Außerdem sollte mein Beruf geistig anspruchsvoll sein. Auf keinen Fall wollte ich mich bei meiner Arbeit langweilen.

Da ich nicht mit Roland in Freiburg studieren durfte, kehrte ich nach Kiel zurück. Durch Hilkes Beziehungen bekam ich ein Zimmer im Carolinenweg nahe am Düsternbrooker Gehölz in einer vornehmen Villengegend. Das Zimmer lag auf dem Dachboden, hatte eine Dusche und ein WC gleich daneben. Die Möblierung war geschmackvoll, mein Bett lag hinter einem Vorhang in einem Alkoven und der Schreibtisch war groß und aus Eiche. Auf der anderen Seite des Bodens befand sich ein zweites Studentenzimmer, das aber nur halb so schön wie meines war. Mein Zimmer kostete DM 130,– pro Monat. Das war teuer für damalige Verhältnisse. Zum Glück wurde das Geld von den Sachbearbeitern des BVG bewilligt. Meine Wirtin Frau Wanke war wieder eine Witwe, dieses Mal eine Professorenwitwe.

Nun brauchte ich nicht mehr tagtäglich über die Förde zu fahren, die Botanik und Zoologie waren bequem zu Fuß zu erreichen. Nur die Institute in der Ohlshausenstraße lagen verhältnismäßig weit entfernt.

Ich holte von Hilke meine Koffer wieder ab, die ich vor der Islandreise bei ihr abgestellt hatte. Das Telefon klingelte. Die Wirtin rief ihre Untermieterin herbei. Uwe Landt erkundigte sich bei ihr nach meiner Adresse.

„Ich habe gehört, dass deine Schwester doch wieder im hohen Norden studiert", sagte er.

Ich wusste lange nicht, was er von mir wollte. Ich war doch viel zu jung für ihn. Seine Besuche im Herbst 1963 fielen in die Zeit, in der ich Angst vor Rolands Erscheinen in Kiel hatte. Ich konnte damals wochenlang kaum etwas essen. Doch nach einiger Zeit beruhigte sich mein Magen und ich konnte wieder Nahrung zu mir nehmen.

Mit Uwe und mir wurde es ernst. Im September 1964 verlobten wir uns heimlich und im April 1965 heirateten wir.

Zuerst wohnten wir zu zweit im Carolinenweg, dann mieteten wir eine möblierte Wohnung in der Christianistraße in Schulensee. Uwe hatte seine Assistentenstelle bei Professor Juza verloren, wir mussten Wohngeld beantragen, weil wir nur das Geld aus meinem Stipendium zur Verfügung hatten.

Hilke und Wolf-Dieter, die zwei Monate vor uns geheiratet hatten (wir haben keine Doppelhochzeit gemacht!), gaben uns ein Jahr lang monatlich DM 100,–. Sie arbeiteten beide als Apotheker in Berlin, damit Wolf-Dieter nicht zum Wehrdienst eingezogen werden konnte. Als Uwe seine Doktorprüfung bestanden hatte und anfing, westlich von Köln bei der Knapsack AG, einer hundertprozentigen Tochter der Hoechst AG, zu arbeiten, haben wir das Geld innerhalb kürzester Zeit wieder zurückgezahlt.

Mit meiner Hochzeit endete mein Leben im Meldorfer Backsteinhaus in dem Land zwischen Nord- und Ostsee. Von nun an war ich dort nur noch ein Gast.

Anhang

Als Studentin der Geografie in Kiel habe ich 1964 eine Seminararbeit über Meldorf geschrieben: Methoden zur raschen Erfassung des geografischen Wesens einer Stadt am Beispiel.

Zunächst einmal musste ich fünfhundert Seiten des Lehrbuches der Allgemeinen Geografie von Professorin Dr. Gabriele Schwarz, Allgemeine Siedlungsgeografie, durcharbeiten und ein Schema entwickeln bzw. eine Tabelle mit den Charakteristika eines zentralen Ortes anfertigen. Dieses Schema habe ich dann auf Meldorf angewendet.

„Unter einer voll entwickelten Stadt verstehen wir eine Siedlung von einer bestimmten Größe und einer geschlossenen Ortsform, die eine beachtliche Differenzierung des Ortsbildes aufweist, in der städtisches Leben in ausreichender Breite entfaltet ist und der eine ausgesprochene Zentralität zu eigen ist." (S. 315 Allg. Siedlungsgeografie, Gabriele Schwarz)

Diese Definition ist sehr allgemein und abstrakt formuliert. Ich habe versucht, sie am Beispiel meiner Heimatstadt mit Leben zu füllen.

Meldorf liegt an der Westküste Schleswig-Holsteins an der Eisenbahnlinie Hamburg–Westerland, eine Küstenstadt, die sich etwa 2 km von der Nordsee entfernt auf einer Geestzunge an der Grenze zwischen Geest und Marsch befindet.

Der Deutschen Grundkarte (1 : 5000) entnehme ich, dass es sich um eine natürlich gewachsene Stadt handelt, worüber die überaus krummen Straßen und die unruhige Linie der Hausfronten deutlich Auskunft geben.

Der dichter bebaute Stadtkern auf dem Geestrücken hebt sich von den aufgelockerten Neubaugebieten auffällig ab, die sich hauptsächlich in Nord-, Ost- und Südrichtung erstrecken, indem sie die sehr tief gelegenen und daher feuchten Gebiete im Westen (angeschlickte Marsch), im Nordosten (einst Fieler See) und im Südosten (einst Windberger See) in der Regel meiden. Das Wachstum erfolgte blockartig, wobei sich die Straßenzüge unter Wahrung eines gewissen geometrischen Prinzips weitgehend dem natürlichen Relief anpassen. In den tief und daher eben liegenden Gebieten verlaufen sie rechtwinklig.

Die Häuser im Kerngebiet sind zwei, vereinzelt auch drei, im Randgebiet dagegen durchweg ein bis zwei Stockwerke hoch. Der höchste Punkt ist die Kirche im Zentrum, der zweithöchste ein Speicher an der Peripherie der Stadt. Die Kirche, ein Backsteinbau, ist um 1250 im frühgotischen Stil erbaut.

Ausgesprochene Mietshäuser fehlen, dafür fallen Mehrfamilienhäuser im Innern der Stadt und Siedlungsgenossenschaftsbauten im Randgebiet auf. Villen liegen verstreut an der früheren und an der heutigen Peripherie.

Die Geschäfte des täglichen Bedarfs wie Bäcker, Fleischer und Kolonialwarenhändler befinden sich vorwiegend im Zentrum und nur vereinzelt in den Randgebieten. Die Großhandelszentralen für Margarine, Wein, Eier, Getreide, Kohlen, Farben, Tabak, Laborgeräte und Autos sind im Zentrum zu suchen.

Jeden Freitag werden auf dem Wochenmarkt landwirtschaftliche Geräte und Obst und Gemüse feilgeboten.

Fünf Uhren- und Juweliergeschäfte bieten ihre Waren in den zwei rechtwinklig zueinander liegenden Hauptgeschäftsstraßen an, doch vergeblich ist die Suche nach einem Spezialgeschäft, z.B. einem Herrenbekleidungsgeschäft, und nach einem Warenhaus. Eine Strohpappenfabrik, die Papier produziert, entlässt am Hafen ihre mit Chemikalien verseuchten Abwässer in die Miele. Die GEG-Konserven- und Gemüsefabrik und die Aldra, eine Holzverarbeitungsfabrik (Veluxfenster), liegen direkt neben dem Bahnhof.

Meldorf besitzt ein städtisches Krankenhaus und eine Privatklinik, außerdem vier praktische Ärzte, fünf Fachärzte, sieben Zahn- und fünf Tierärzte, die verhältnismäßig gleichmäßig verteilt im alten Stadtkern ihre Praxisräume eingerichtet haben.

Außer auf einer Sonderschule, zwei Volksschulen und einer Mittelschule kann sich Meldorfs Jugend auf einer Oberschule (Gelehrtenschule), auf einer Kreisberufsschule und im Jugendaufbauwerk bilden.

Eine evangelische und eine katholische Kirche sowie Versammlungsräume kleinerer Religionsgemeinschaften bieten Möglichkeit zu Einkehr und Besinnung.

Es fehlen Theater, Oper, Schauspielhaus und Kunsthalle. Dafür gibt es ein Dithmarscher Landesmuseum, ein Freilichtmuseum und die Museumswerkstätten, außerdem zwei Kinos und eine Zeitung, den sogenannten „Meldorfer Hausfreund", eine Zeitung für Bekanntmachungen der Behörden der Stadt Meldorf und des Meldorfer Wirtschaftsraumes. Der „Hausfreund" erscheint zwei Mal wöchentlich (schallendes Gelächter meiner Kommilitonen, als ich meine Seminararbeit vorlas). Die Auflagenhöhe beträgt 3300 (bei gut 8000 Einwohnern).

Park- und Sportanlagen (Sport- und Reitplatz, Schwimmbad) und Schrebergärten liegen an der Peripherie, ebenso der Friedhof.

Ein Flugplatz, eine Straßenbahn und eine Untergrundbahn existieren in Meldorf nicht, doch sind ein Bahnhof (Eilzug- und z.T. D-Zug-Station), eine Omnibuszentrale am Markt und ein Hafen vorhanden. Der Hafen fällt allerdings zwei Mal pro Tag trocken (Tidenhub 3,50 m) und weist nur zwei bis drei Fischkutter, einige Schuten mit Befestigungsmaterial für Lahnungen und mehrere Segelboote auf, hat also relativ wenig Bedeutung in Bezug auf den Verkehr. Zu bemerken ist noch, dass Meldorf an den Bundesstraßen 5 und 431 liegt.

Wie wohl schon deutlich geworden ist, handelt es sich bei Meldorf um eine Kleinstadt, deren Hauptfunktion nicht in den bisher erwähnten Faktoren, sondern in der Verwaltung liegt. Es erübrigt sich, die einzelnen Verwaltungsämter,

Banken usw. aufzuzählen. Meist zeigt die Verwaltungsgliederung eine Abstufung von kleineren zu immer größeren Einheiten, denen niedrige und höhere Verwaltungsfunktionen entsprechen. Aus dieser Gliederung ergibt sich eine gewisse Rangordnung der Städte und der mit ihnen verbundenen Umkreise. Für Meldorf ist die Verwaltungsfunktion ein wichtiges Unterscheidungsmerkmal gegenüber bloßen Marktsiedlungen und großen Dörfern mit städtischem Gepräge.

Zusammenfassend lässt sich sagen, dass Meldorf die für eine Stadt aufgestellten Bedingungen erfüllt, nämlich fünf wichtige zentrale Einrichtungen besitzt:
3–4 Bankinstitute,
eine höhere Schule,
ein Lichtspieltheater,
eine zweimal wöchentlich erscheinende Lokalzeitung
und ein Krankenhaus.

Somit stellt Meldorf die unterste Stufe einer Stadt dar. Der Ort präsentiert sich als typische Kreisstadt mit einem ausgesprochen ländlich geprägten Umland (Wochenmarkt, auffällig viele Tierärzte) mit leicht musealem Charakter, worin ihr besonderer Reiz liegt. Doch das ist eine rein persönliche Bemerkung.

Aus Prospekten entnehme ich, dass Meldorf einst – etwa von 1250 durch zwei Jahrhunderte hindurch – Hauptstadt eines Freistaates und schon vorher Schwerpunkt des Tetmar-Gaues war, der dann später Dithmarschen hieß. Schon 815 erhielt es eine Kirche, 1265 bekam Meldorf Stadtrecht und gleichzeitig wurde aus eigenem Vermögen eine Kirche aus Backstein gebaut, die in der Fülle ihrer Formen mit dem Hamburger Dom wetteiferte. An vielen alten Bauten wie an dem alten Pfarrhaus in der Papenstraße, dem Wolf'schen Haus in der Zingelstraße und dem Mönchshof am Markt kann sich der Besucher erfreuen.

Meldorf ist also eine sehr alte Siedlung, die einst mit Hamburg konkurrieren konnte, heute aber wegen ihrer ungünstigen topografischen Lage durch das vorgelagerte Wattenmeer und die angeschlickte Marsch im Westen in einen gewissen Dornröschenschlaf gefallen ist. Darüber täuschen auch die drei Industriebetriebe nicht hinweg, sodass Meldorf nur die schon erwähnte Verwaltungsfunktion bleibt.

Soweit die Situation 1964. Ich möchte an dieser Stelle kurz die weitere Entwicklung andeuten. Die beiden Kreise Norder- und Süderdithmarschen werden zu einem Kreis Dithmarschen zusammengelegt. Weil Heide Kreisstadt wird, müssen die Meldorfer ihr Autozeichen MED abgeben und fortan mit HEI vorlieb nehmen. Meldorf verliert Verwaltungsfunktionen, z.B. das Landratsamt. Aus dem Meldorfer Krankenhaus wird ein Ärztezentrum. Heute gibt es nur noch das Heider Kreiskrankenhaus.

1978 wird ein Speicherkoog in der Dithmarscher Bucht mit einer neuen großen Schleuse gebaut, wodurch der Meldorfer Hafen bedeutungslos wird. Durch den Damm werden umfangreiche Wattgebiete der Bucht vom Meer abgetrennt. Neues Land entsteht. Gleichzeitig wird ein Speicherbecken geschaffen, das bei Sturmflut das Regenwasser des Hinterlandes aufnimmt. Bei einer Sturmflut kann die Schleuse nämlich nicht geöffnet werden und das Oberflächenwasser kann nicht abfließen. Das führte früher regelmäßig zu Überschwemmungen in den Niederungen Dithmarschens.

Meldorf liegt heute weitab von der Nordsee.

Danksagung

Ich danke sehr herzlich meinem Lebensgefährten Peter Beuchelt, dem ersten Testleser dieser Autobiografie, ferner meiner Schwester Hilke Holm, die meine Erinnerungen auf ihren Wahrheitsgehalt hin geprüft hat. Großen Dank schulde ich auch Susanne Hecker, die das Manuskript als eine Nichtfamilienangehörige mit kritischen Augen gelesen und mir wertvolle Hinweise gegeben hat.

Die Autorin

© Peter Hillebrecht

Uta Franck wurde in Meldorf an der Westküste Schleswig-Holsteins geboren. Sie studierte Biologie, Geografie und Germanistik in Kiel, Köln und Frankfurt am Main. Heute lebt sie als freie Schriftstellerin in Kelkheim im Taunus.

Werke: mehrere Gedicht- und Kurzprosabände, zwei Märchenbücher und zwei Romane. 2006 erhielt Uta Franck den Kulturförderpreis der Stadt Kelkheim.

Weitere Informationen unter www.uta-franck.de

novum — EIN HERZ FÜR AUTOREN

Der Verlag

Der im österreichischen Neckenmarkt beheimatete, einzigartige und mehrfach prämierte Verlag konzentriert sich speziell auf die Gruppe der Erstautoren.
Die Bücher bilden ein breites Spektrum der aktuellen Literaturszene ab und werden in den Ländern Deutschland, Österreich, Schweiz und Ungarn publiziert.
Das Verlagsprogramm steht für aktuelle Entwicklungen am Buchmarkt und spricht breite Leserschichten an.
Jedes Buch und jeder Autor werden herzlich von den Verlagsmitarbeitern betreut und entwickelt.
Mit der Reihe „Schüler gestalten selbst ihr Buch" betreibt der Verlag eine erfolgreiche Lese- und Schreibförderung.

novum publishing gmbh
Rathausgasse 73 · A-7311 Neckenmarkt
Tel: +43 2610 43111 · Fax: +43 2610 43111 28
Internet: office@novumpro.com · www.novumpro.com

AUSTRIA · GERMANY · SWITZERLAND · HUNGARY

Uta Franck
Die nicht gelangweilt werden wollte

ISBN 978-3-85022-421-5
208 Seiten
Euro (A) 16,90
Euro (D) 16,40
SFr 30,10

Sünje Giboldehausen hat Erfolg bei ihrer Arbeit, aber scheitert im privaten Bereich. Sie hat nicht geheiratet, weil sie sich auf keinen Fall mit einem Ehemann langweilen will. Ihre unzufriedene Mutter ist für sie ein warnendes Beispiel. Bei der zufälligen Lektüre eines Märchens fühlt sie sich in ihrer Ansicht bestätigt …